D1724734

Geisteswissenschaft im Umriss

Rudolf Steiner

GEISTESWISSENSCHAFT IM UMRISS

Archiati Verlag

Der Wortlaut der im Archiati Verlag gedruckten Vorträge Rudolf Steiners geht auf die ursprünglichen Klartextnachschriften und Erstdrucke zurück, unter Berücksichtigung aller danach erfolgten Veröffentlichungen.

Erste Auflage 2008
(1. bis 5. Tausend)

Herausgeber und Redakteur machen in Bezug auf die
hier gedruckten Texte Rudolf Steiners keine Rechte geltend.

Herausgeber: Archiati Verlag e. K., Bad Liebenzell
Redaktion: Pietro Archiati, Bad Liebenzell
Korrektorat: Eva Koglin, Ganderkesee
Umschlagmotiv: nach einer Tafelzeichnung R. Steiners (17.5.1924)
Foto: Rietmann, © Verlag am Goetheanum
Druck: Memminger MedienCentrum, Memmingen

ISBN: 978-3-86772-142-4

Archiati Verlag e. K.
Burghaldenweg 37 · D-75378 Bad Liebenzell
Telefon: (07052) 935284 · Telefax: (07052) 934809
anfrage@archiati-verlag.de · www.archiati-verlag.de

Inhaltsverzeichnis

Vorwort von Pietro Archiati *S. 7*

Vierzehn Vorträge gehalten in Hannover
vom 21. September bis 4. Oktober 1907

1. Vortrag: **Die Geisteswissenschaft** *S. 11*

2. Vortrag: **Der Mensch** *S. 17*

3. Vortrag: **Leben nach dem Tod** *S. 25*

4. Vortrag: **Ich-Entwicklung** *S. 31*

5. Vortrag: **Nachtodlich und vorgeburtlich** *S. 39*

6. Vortrag: **Evolution der Erde** *S. 47*

7. Vortrag: **Kulturepochen** *S. 55*

8. Vortrag: **Entwicklung des Menschen** *S. 65*

9. Vortrag: **Karma (Schicksal)** *S. 75*

10. Vortrag: **Menschheitskarma** *S. 81*

11. Vortrag: **Arbeit an sich selbst** *S. 89*

12. Vortrag: **Weisheit der Rosenkreuzer** *S. 95*

13. Vortrag: **Rosenkreuzerschulung** *S. 101*

14. Vortrag: **Christliche Einweihung** *S. 107*

Fragenbeantwortung *S. 113*

Anhang: Anregungen zur inneren Entwicklung *S. 121*

Zu dieser Ausgabe *S. 129*

Die Vorträge Rudolf Steiners *S. 132*

Fachausdrücke der Geisteswissenschaft *S. 134*

Über Rudolf Steiner *S. 135*

Vorwort

Während der Zeit, in der Rudolf Steiner an seiner *Geheimwissenschaft im Umriss* schreibt, hält er diese Vorträge, die in mündlicher Form im Wesentlichen die gleichen Inhalte behandeln. Das eine Mal schreibt er ein anspruchsvolles Werk, das dem Leser höchste Konzentration abverlangt, das andere Mal teilt er tiefste Inhalte von Mund zu Ohr in einer solchen Unmittelbarkeit mit, dass selbst das schlichteste Gemüt sie dankbar aufnehmen kann.

Beim geschriebenen Werk, das für die breite Öffentlichkeit bestimmt ist, steht der Verstand, das Denken, im Mittelpunkt; in der mündlichen Mitteilung scheint es fast so, als ob im warmen Element der Sprache das Herz des Zuhörers mitgenommen würde. Das Buch hat Rudolf Steiner im Hinblick darauf geschrieben, dass alle Menschen auf der Welt es kaufen und lesen können; die Zuhörer, die diesen Vorträgen damals lauschten, waren wenige Theosophen, die eine geistige Vertiefung des Lebens anstrebten.

Heute, ein Jahrhundert später, ist die Lage der Menschheit anders geworden. Menschen, die die schwierige Lektüre eines Buches wie *Die Geheimwissenschaft im Umriss* nicht scheuen, gibt es immer weniger. In einer Zeit, wo der technisch ausgebildete Mensch fast nur noch mit Maschinen umgeht, ist das zwischenmenschliche Gespräch wiederum zu einem begehrten Gut geworden. Selbst beim Lesen möchten viele einen Autor erleben, der mit dem Leser spricht, der dem Leser alles Mögliche in lebendiger Erzählweise mitteilt. Und so sind diese Vorträge: ein Gespräch zwischen Rudolf Steiner und seinem Zuhörer oder Leser. Zwar ist in der einzigen erhaltenen Vorlage nicht alles festgehalten, was Rudolf Steiner gesagt hat, aber was zu lesen ist, vermittelt einen Eindruck von der Schlichtheit und Frische der Sprechweise Steiners.

Es gibt in den Evangelien ein wunderschönes Gleichnis, in dem von der Hochzeit eines Königssohns erzählt wird, zu der zunächst wenige Auserwählte eingeladen sind. Diese finden allesamt eine Ausrede, weshalb sie nicht zur Hochzeit erscheinen können. Sie haben anderes, für sie Wichtigeres zu tun. Daraufhin schickt der König seine Sendboten aus mit dem Auftrag, alle Menschen ohne Unterschied einzuladen.

Es ist ein Grundgesetz der Entwicklung: Jeder neue Impuls muss angemessen vorbereitet werden. Wenn aber die Zeit kommt, wo die Vorbereitung der Erfüllung zu weichen hat, erweisen sich die Vorbereitenden als unfähig, sich so weitgehend umzustellen, dass sie nun die Erfüllung verwalten können. Sie sind im Laufe der Zeit mit der Verwaltung der Vorbereitung eins geworden und haben aus dem Auge verloren, dass es sich um eine Vorbereitung handelt. Sie haben einen Machtimpuls daraus gemacht, der sich dagegen wehrt, dem Neuen Platz zu machen. Sie können die

Erfüllung nur als ungut, als Umsturz des bewährten Guten erleben.

Alles Esoterische ist Vorbereitung. Zu jeder Zeit können sich zunächst nur wenige ganz der Vorbereitung eines Zukünftigen widmen. Erst wenn ein Esoterisches zum Allgemeingut aller Menschen, zu einem Exoterischen wird, geht es in Erfüllung. Mit der Anthroposophie Rudolf Steiners scheint es nicht anders zu sein. Die Menschen, die seit einem Jahrhundert berufen waren oder sind, mit der anthroposophisch orientierten Geisteswissenschaft alle Bereiche des Lebens zu erneuern, spüren den Widerstand der etablierten Kultur und laufen Gefahr, durch existenzielle Kompromisse mit dem Alten dem Neuen seine Stoßkraft, ja seine Sprengkraft zu nehmen.

In dem Maße, in dem dies heute geschieht, besteht nach dem Gleichnis des Evangeliums die Notwendigkeit, den Zugang zu dieser Geisteswissenschaft, zur heutigen Form der Hochzeit zwischen Geist und Seele, allen Menschen ohne Unterschied zugänglich zu machen.

Dieses Büchlein möchte einen so bescheidenen wie entschiedenen Beitrag in diese Richtung geben. Die Inhalte dieser Vorträge sind für alle Menschen, die sie, wenn auch nicht immer ganz bewusst, mit aller Kraft ihrer Seele suchen. Für das Lesen, für das Meditieren über diese Gedanken wird nur vorausgesetzt, dass der Leser ein suchender Mensch ist. Für einen solchen Menschen ist die literarische

Form, die Poliertheit der Sprache weniger wichtig als der Wahrheitsgehalt, der als Nahrung für die Seele, als Kraft für das Leben gelten soll. Dazu muss keiner eine besondere wissenschaftliche oder esoterische Vorbereitung haben. Er braucht wirklich nur einen Kopf zu haben, der die Wahrheit sucht, und ein Herz, das die Wahrheit liebt.

Pietro Archiati
im Sommer 2008

Erster Vortrag

Die Geisteswissenschaft

Hannover, 21. September 1907

Seit uralten Zeiten wird die Geisteswissenschaft° angewandt. Durch sie lassen sich das Wesen des Menschen und diejenigen Zustände ergründen, ohne die man einen eigentlichen Einblick in die Entwicklung der Welt nicht gewinnen kann.

Durch sie erfahren wir vieles über Leben und Tod, über Karma (Schicksal) und alle tieferen Fragen über Vergangenheit und Zukunft. Sie gibt Aufschluss über unseren Wohnplatz, die Erde, und das Weltkörpersystem.

Geisteswissenschaft° gibt die Mittel an, selbst einen Einblick in alle diese Zustände zu gewinnen. Zu diesem Zweck muss der Mensch den Einweihungspfad beschreiten. Zwei Wege führen dahin, der christliche und der rosenkreuzerische. Der Weg der Rosenkreuzer ist durch Modifikation des christlichen Weges (der Zeit) angepasst.

Das Hellsehen erwirbt sich der Mensch am besten, wenn er den Sehern Vertrauen entgegenbringt, sich von ihnen erzählen lässt.

Die Rosenkreuzer hatten die rechte Art, die Wahrheit aufzufassen. Die Wahrheit ist immer dieselbe, doch die See-

11

lenverfassung der Menschen wechselt mit ihrer Entwicklung. So musste sie den Römern, den Germanen und so weiter auf immer andere Art verkündet werden.

Wir müssen alle Hochachtung dafür empfinden, wie die ägyptischen Priesterweisen über die tiefsten Fragen des Daseins lehrten. Kopernikus stellte durch sein System die Betrachtung der Welt auf den physischen Plan, und man glaubt, durch verfeinerte Instrumente immer mehr von den Dingen zu erkennen, während das ptolemäische System die astralische Welt° zu Hilfe nahm. Wir können uns nicht leicht eine Vorstellung machen, wie des Menschen Seele damals dachte.

Die Sprache der materialistischen Weltanschauung hätte im 19. Jahrhundert ohne die geistigen Einflüsse in einen Sumpf geführt. Es wäre bald unmöglich geworden, sich in ihr zu verständigen.

Von den Geheimschulen gingen immer die geistigen Strömungen aus, welche das Gute stärkten, das Böse dämpften. Es wird dort eine symbolische Sprache angewandt, die von den Eingeweihten aller Geheimschulen verstanden wird.

Die alten Weisen betrachteten die Himmelskörper nicht als Leichname, wie es die jetzige Wissenschaft annimmt. Ihnen waren die Sterne nicht materielle Weltkugeln, sondern Wesen, mit Seele und Geist begabt.

Und so ist es in Wirklichkeit: Unsere Sonne ist kein seelenloser Feuerball, sie ist der Leib des Sonnengeistes°, dieser ist ihr Geist. Mit Kraft begabte Wesen durcheilen die Räume. Es sind Willenskräfte (am Werk), nicht leere, abstrakte Anziehungskräfte.

Der Blick der Eingeweihten drang wirklich in diese Welten ein. Früher goss Geisteswissenschaft ihr Licht über alle Welten aus. Es gab infolgedessen auf unserer Erde glanzvolle Kulturen, doch wurden Bauten wie die Pyramiden, die uns noch in Erstaunen versetzen, mit primitiven Mitteln ausgeführt.

Trotz der Verfinsterung durch den Materialismus sind die Geheimschulen nicht erloschen. Die Menschheit braucht sie dringend, von den Geheimschulen geht die geistige Führung aus. Im 15. Jahrhundert bildete sich ein kleiner Kreis unter der Führung eines großen Menschen, des Christian Rosenkreutz. Die Wirkung erstreckt sich bis ins 19. Jahrhundert.

Wenn es zur heutigen Gesinnung der Menschen gehört, dass sie nicht schnell genug mitteilen können, was sie für wahr halten, so teilt der Okkultist nur das mit, was er für notwendig hält zu verkündigen. Es ist eine tiefe Notwendigkeit für die Darstellung der Geisteswissenschaft° vorhanden, als Gegenströmung gegen den Materialismus.

Geisteswissenschaft° ist eine rosenkreuzerische Wissenschaft. Okkultistische Gesinnung ist ebenso wenig diskutierbar wie Mathematik. Es hilft nichts, über ein Heilmittel zu diskutieren, es muss heilen.

Geisteswissenschaft° ist inneres Erleben. Der Mensch erlebt innerlich, was außen ist, und das Äußere kommt vom Inneren. Ein Zeitalter, in dem die Menschen wissen, dass alles beseelt ist, wird anders handeln als eines des Materialismus.

Die Nervosität ist ein Beweis dafür, dass das Geistige nicht des Menschen Mittelpunkt bildet. Wären nicht die spirituellen Einflüsse, so würden vielleicht in dreißig Jahren Nervenepidemien ausbrechen wie andere Seuchen, weil sich die Menschen ihrer Umgebung nie ganz entziehen können.

Es ist Leben erweckend, zu jeder Zeit die Wahrheit in Beziehung auf das unmittelbare Leben darzustellen. Lebensfeindlich ist es, nichts von den geistigen Kräften wissen zu wollen.

Um zum Hellsehen zu gelangen, gehört viel Geduld und Ausdauer dazu. Erst muss man hören, aufnehmen, ehe man die Mittel empfängt. Des Menschen Erkenntnisvorgänge sind nicht begrenzt.

Keiner hat ein Recht, über etwas zu entscheiden, wovon er nicht weiß. Wer Mathematik nicht studiert hat, darf sich nicht anmaßen, über die Richtigkeit eines Beweises zu urteilen. In dem Menschen selbst sind die Quellen zum Hineinschauen in höhere Welten.

Die *Okkultisten* scheiden sich in drei Arten:

- *Eingeweihte,*
- *Hellseher* und
- *Adepten.*

Der Eingeweihte braucht nicht Hellseher zu sein und der Hellseher ist nicht immer ein Eingeweihter – und beide brauchen die Adeptenschaft nicht zu besitzen. Die Wege sind verschieden.

Es ist nötig, die Gesetze des Daseins bis in die höchsten Gebiete, in das Geheimnis der Zahlen und Formen zu begreifen, um ein Eingeweihter zu sein.

Es wird den Menschen nichts mitgeteilt, bis sie moralisch und geistig reif dazu sind, weil es sonst die übelsten Folgen für sie haben könnte. Die Menschheit würde dann sofort in zwei Hälften gespalten sein, in gute und böse Menschen.

Ein Hellseher ist ein Mensch, bei dem die geistigen Sinnesorgane entwickelt sind. Ihm sind die geistigen Augen und Ohren geöffnet, ohne dass er die geistigen Gesetze zu verstehen braucht.

Man macht sich keinen Begriff, welches Vertrauen und welche Liebe bei den Rosenkreuzern zu finden waren. Sie ergänzten sich auf eine großartige Weise, indem der eine erklärte, was der andere sah. Schauen und Verständnis des Geschauten wurden ihnen so gemeinsam.

Zur Adeptenschaft gehört zum guten Willen und geduldigen Begreifen noch dazu, dass der Mensch Opfer bringen kann und das verschweigt, was anderen Menschen nicht frommt. Der Adept muss die Kräfte anzuwenden wissen, wozu er sich in vielen Inkarnationen die Befähigung erwirbt. Der Adept wirkt im Verborgenen.

Unsere Zeit fordert, dass der Seher zum Eingeweihten wird.

Zweiter Vortrag

Der Mensch

Hannover, 22. September 1907

Der Mensch ist ein unendlich kompliziertes Wesen.

Der Verstand ist die Anwendung auf die fünf Sinne. Der Mensch ist aber nicht bloß, was er physisch darstellt, sondern seine Körperglieder sind durchdrungen von höheren Gliedern. Er würde ganz anders aussehen, als er vor uns steht, wenn die höheren Glieder herausgenommen würden. Es bliebe dann nur das Physisch-Materielle als Leichnam.

Der physische Mensch ist darauf angewiesen, von den anderen, höheren Gliedern durchdrungen zu sein. Es ist ein wichtiger Satz im Okkultismus: «Materiell ist mein physischer Leib eine unmögliche Zusammensetzung.»

Alle Stoffe und Kräfte der physischen Welt sind zusammengesetzt. Man unterscheidet ungefähr siebzig Elemente. Der menschliche Leib würde zerfallen, wenn er sich selbst überlassen bliebe.

Das zweite Glied der menschlichen Leiber ist der Ätherleib. Dieser führt einen unaufhörlichen Kampf gegen den Zerfall der vielen Stoffe und Kräfte, woraus der physische Leib besteht.

Der Hellseher sieht den Ätherleib, indem er sich den physischen Leib wegdenkt. Niederes Hellsehen ist gesteigerte Aufmerksamkeit. Man kann in ein seelisches Gespräch so vertieft sein, dass man die physischen Gegenstände nicht sieht.

Durch strenge Übung in Konzentration und Meditation kommt man zum Hellsehen. Man kann sich den physischen Körper einfach absuggerieren. Der Raum ist dann nicht leer.

Der Kräfteleib (Ätherleib) ist von Lichtströmungen durchflutet. Die Grundfarbe dieses Leibes ist pfirsichrot bis rotviolett. An Kopf, Brust und Händen hat der obere Teil des Kräfteleibs Ähnlichkeit mit dem physischen Leib.

Der Ätherleib des Mannes ist weiblich, der der Frau ist männlich. Beide Geschlechter sind dadurch in sich Direktiven (Orientierungen). Es hängt damit zusammen zum Beispiel der Ehrgeiz des Mannes im Krieg und die tapfere Hingabe der Frau.

Alles Lebendige ist in Äther eingetaucht. Der Ätherleib der Pflanze ist viel größer als sie selbst, sie erscheint darin als kleiner Einschluss. Durch den Ätherleib setzt sich die strahlende Erscheinung fort und geht allmählich in den Äther über.

Das Mineral hat in gewisser Beziehung einen Ätherleib, aber keinen eigenen. Die Hohlräume des Minerals, die Formen, sind weniger abgegrenzt. Die Mineralien sind wohl durch Äther imprägniert, aber ein wirklicher Ätherkörper ist erst den Pflanzen eigen.

In dem Augenblick, in dem der Ätherleib seine Kräfte herauszieht, stirbt der Mensch.

Noch zu Anfang des vorigen (19.) Jahrhunderts hatten ernsthafte Naturforscher eine Ahnung von der Lebenskraft. Die Entdeckungen über die Zelle verführen den Menschen, nur an das Physische zu glauben. Man hält es für bloße Spekulation, dem physischen Körper höhere Kräfte zuzuschreiben.

Der Materialismus gibt sich der Hoffnung hin, dass es gelingen wird, aus chemischen Stoffen und physikalischen Kräften ein dem Eiweiß ähnliches Leben herzustellen, ohne den Befruchtungsvorgang. Die Okkultisten der Geheimschulen haben nie daran gezweifelt. Es ist dies nur eine Frage der Zeit, wann die Bedingungen gegeben sein werden.

Das Licht ist nicht in Säcke verpackt, nicht an diesem oder jenem Ort, es ist «überall». So ist Lebenskraft überall aufgespeichert. Wer die Wahrheit kennt, kann das Leben einfangen. Dieses Geheimnis wird gewahrt, weil die Menschen, die damit umzugehen wissen, auf einer hohen Stufe der Geistigkeit und Moral stehen müssen. Es würde das größte Unglück geschehen, wenn dieses Geheimnis vorzeitig preisgegeben würde.

Wenn der Mensch den Stoff zum Leben verwandeln wird, muss die Handlung eine sakramentale sein. Jetzt kann ein

Mensch mit niederer Moral künstliche Handlungen in den Laboratorien ausführen, sie sind nüchtern und trocken. Wenn den Menschen hohe Geheimnisse übergeben werden, muss die Handlung in den Laboratorien ein Gottesdienst sein.

Durch das dritte Glied der menschlichen Wesenheit (den Astralleib) erlebt der Mensch Lust und Leid, Triebe, Instinkte, Leidenschaften und Begierden. Diese füllen den Leib ebenso aus, wie es die Knochen, Muskeln und so weiter tun. Die Eindrücke spiegeln sich durch Vorgänge im Inneren.

Diesen Leib hat der Mensch gemeinschaftlich mit dem Tierreich, nicht mit Mineral- und Pflanzenreich. Pflanzen können wohl auf Reize «reagieren», sie haben aber kein Bewusstsein, sie setzen den Reiz nicht innerlich in Empfindung um. Ein blaues Lackmuspapier kann sich rot färben, Bewusstsein ist dabei aber nicht vorhanden.

Der Hellseher sieht den menschlichen physischen und Ätherleib umflutet von feineren Gebilden und Lichterscheinungen geistiger Art und hört seelische Töne. Es ist dies die eigentliche Heimat des Menschen, die Astralwelt.

Wir hören, weil die Luftschwingungen in die Ohren dringen. Die (Luft)-Wellen sind die Vermittler des Tones, jedes Wort hat andere Schwingungen.

Es kann wohl jemand die Worte nicht hören, aber die Schwingungen sehen, die sie hervorrufen. Wir sehen die Lichtschwingungen als Licht, weil wir Augen haben. So muss die Entwicklung fortschreiten.

Der Mensch besteht aus drei Leibern und aus dem, was er für sich selbst hat – das Ich –, was niemand sonst aussprechen kann, weil wir für jeden anderen ein Du sind. Die hohe Bedeutung des Selbst, des Ich, in der deutschen Sprache wurde von den Weisen von jeher anerkannt.

In der Religion finden wir den unaussprechlichen Namen Gottes: Jahve oder Jehova. Wenn der Mensch «ich» ausspricht, fängt der Gott an, in ihm zu sprechen. Der Gott, der nur sich selbst ausdrückt, kommt in die menschliche Seele. Sein Wesen unterscheidet sich durch das «Ich» von allen anderen Wesen.

So haben wir vier Glieder in der menschlichen Wesenheit:

- den *physischen Leib,*
- den Äther- oder *Lebensleib,*
- den *Astralleib* und
- das *Ich.*

Es ist noch ein niederer Zustand, wenn der Mensch dem Ich wie ein Sklave folgt. Das Tier dient der Notwendigkeit, der Durchschnittsmensch wählt noch zwischen seinen Trieben, während der Idealist hohen moralischen und spirituellen Idealen folgt.

Der Mensch muss seine Triebe und Neigungen in die Hand bekommen. Das Ich muss der Mittelpunkt, der Herr sein. Wir dürfen das Ich nicht nachziehen lassen.

Der physische Leib hat immer die Neigung, sich aufzulösen. Der Ätherleib muss derselben unaufhörlich entgegenarbeiten – dem physischen Leib ist sie notwendig. Der Ätherleib ist Träger des Astralleibs.

Weil aber auch der physische Leib Träger des Astralleibs ist, wird der physische Leib in jeder Minute durch ihn abgenutzt. So entsteht die Ermüdung. Indem die Seele im Schlaf an dem ermüdeten Körper arbeitet, entsteht die Erfrischung.

Der Astralleib ist im Verhältnis zum physischen Körper noch sehr unvollkommen, noch sehr entwicklungsfähig.

Es ist etwas ganz anderes, wenn Menschen Freundschaft schließen und sich Treue bewahren, als wenn ein Hund geliebten Personen die Treue hält. Das Tier dient diesem Trieb so wie wir Hunger und Durst stillen. Fehlt der Herr, so entbehrt es ihn.

Das Tier lebt in einer ewigen Gegenwart. Nicht Erinnerung zieht das Tier zum Menschen, sondern die Sättigung seines Bedürfnisses. Deshalb kann der Tod einer geliebten Person noch «tragischer» für das Tier sein, als wenn dem Menschen ein Mensch stirbt.

Die Überwindung des Vergessens muss sich der Mensch durch das Ich zu eigen machen. Er entwickelt sich nicht nur durch neue Erfahrungen, sondern indem er die Erinnerungen ausnutzt. In der Erinnerung ist die Vergangenheit lebendig.

Der Auflösung arbeitet der Ätherleib durch Erneuerung der Säfte entgegen. Die Ermüdung wird durch die Erfrischung überwunden und das Vergessen durch die Erinnerung.

Dritter Vortrag

Leben nach dem Tod

Hannover, 23. September 1907

Wenn der Mensch seinen Körper abgelegt hat, beginnt für ihn in der astralischen Welt° eine Zeit der Läuterung.

Wünsche, Begierden und Leidenschaften folgen ihm, doch fehlen ihm die Werkzeuge – die Zunge, der Gaumen und so weiter – zu ihrer Befriedigung. Dieser Zustand ist mit der Steigerung brennenden Durstes zu vergleichen, bis der Mensch sich abgewöhnt, seine Wünsche zu befriedigen.

Der Mensch muss schon bei Lebzeiten das Geistige suchen, das durch die sinnlichen Genüsse hindurchscheint. Andererseits ist es verkehrt, das physische Leben zu verachten. Es hat seine große Aufgabe in der Sinnenwelt.

Ohne Sinne könnten wir nicht erleben die Schönheit der Natur, die Lebensvorgänge, die Beziehungen der Liebe und der Freundschaft, die von Mensch zu Mensch fluten und die Geister nicht missen möchten. Das physisch-sinnliche Leben ist ein nötiger Durchgangspunkt der Entwicklung und ist nicht gegen einen sinnenfeindlichen Asketismus auszuwechseln.

Wir haben nur die Genüsse abzulegen, die das Ich um seiner selbst willen haben will. Der Genuss an der Speise ist nötig, zu verpönen ist die Lust am Genuss um des Genusses willen. Dadurch taucht der Mensch tiefer unter in das Materielle.

Der Aufenthalt im Kamaloka («Ort der Begierden») dauert durchschnittlich ein Drittel der Lebenszeit, verläuft also dreimal so schnell wie das physische Leben, rückläufig vom Tod bis zur Geburt.

Wir sehen auf dieser Ebene alles wie im Spiegelbild. Der Anblick ist verwirrend, weil zum Beispiel Zahlen verkehrt erscheinen. Es ist in der Tat so, dass das Huhn schließlich im Ei verschwindet. Die menschlichen Leidenschaften spiegeln sich dort als Tierbilder, alle egoistischen Triebe als Ungeheuer oder Schlangen.

Es gibt genug Personen im physischen Leben, welche solche Tierbilder sehen können, weil durch Überhandnehmen des Materialismus sich das spirituelle Leben einen Ausweg sucht.

Um in die geistige° Welt zu gelangen, muss der Mensch wirklich «wie ein Kind werden», alles Selbstsüchtige abstreifen. Deshalb die Worte des Sonnengeistes°: «So ihr nicht werdet wie die Kinder, könnt ihr nicht in das Himmelreich kommen.» (Matthäus 18,3). Alle Urkunden der Religionen leuchten uns nach und nach in geisteswissenschaftlicher° Weise in ihrer wahren Bedeutung auf.

Kamaloka ist der Ort der Wirkungen. Der Mensch ist all dem ausgesetzt, wozu er die Ursache gab. Hat er einem Menschen im Laufe des Lebens einen Schlag gegeben, und gelangt er rückläufig wieder zu diesem Zeitpunkt, so empfindet er den Schmerz des anderen, er kriecht gleichsam in dessen Seele hinein. Er muss die Folgen der Übertreibung des Egoismus wie auch seiner guten Taten erleben.

Die geistige Welt ist die Sphäre der Durchlässigkeit und ist nicht auf drei Dimensionen beschränkt, sondern hat eine vierte und mehr.

Die Gesetze dieser Sphäre bedingen, dass zwei oder tausend Dinge, die räumlich nicht zusammen zu sein brauchen, die sich zum Beispiel auf je einem anderen «Kontinent» befinden, sich hier als Spiegelbilder durch die Wunschform vereinigt finden.

Wenn die Seele den Ätherkörper abstreift, hat sie die Empfindung der Ausdehnung ins Unermessliche.

Die Rückwirkung aller Ereignisse im Läuterungsort (Kamaloka) bleiben sitzen als eine Kraft, als das Gefühl, dass Begierden, Triebe und Leidenschaften Entwicklungshindernisse sind. Die Essenz im Astralleib, der Wunsch, alles auszugleichen, geht als Gesamtwunsch auf der weiteren Pilgerschaft mit.

Wie es in der physischen Welt Land, Meer, Luft und Feuer gibt, so ähnlich ist es in der Welt, in welche der Mensch nach seiner Läuterung gelangt.

In der geistigen° Welt erscheinen physische Dinge in geistiger Weise als Grundlage, als «Land». Wie hier auf Felsen, geht man dort «auf Urbildern» herum. Denken wir uns einen Bergkristall: Er erscheint in der geistigen° Welt als schwarzer Hohlraum, darum herum leuchtende Massen.

Das flutende Licht ist im Geistigen das Blut. Bei der Pflanze wird man in einem Hohlraum ihren Ätherleib sehen. Die Ausstrahlungen zum Beispiel um eine rote Rosenblüte würden gelblich sein, die des Stängels pfirsichrot.

Rings um die Gegenstände strahlt das Licht, inwendig befindet sich der Ätherleib, bei Tieren auch der Astralleib. Das Blutgefäßsystem und dergleichen ist deutlich zu erkennen.

Wie auf der Erde die Felsen, so sind in der geistigen° Welt die Wesen, die hier physisch sind, als Urbilder. Sie sind dort das Knochengerüst.

Als Meer und Flüsse, gleich dem menschlichen Blut, erscheint das fließende, flutende Leben, welches auf der Erde auf die Einzelorganismen verteilt ist.

Was in der irdischen Welt Empfindung ist, erscheint dort als Wolke und Blitz, zum Beispiel eine Schlacht, bei der auf der Erde Leidenschaften aneinanderprallen, als ein Gewitter. Alle Seelenregungen von Freude und Schmerz erscheinen als wunderbare atmosphärische Wirkungen.

Eine alles durchziehende Wärme ist wahrzunehmen. Wärme ist nicht nur ein Zustand, sondern eine Kraft.

Es sind also *vier Zustände* zu unterscheiden:

1. Die *Erde* ist fest: Ihr gegenüber sind die *Urbilder* in der geistigen° Welt.
2. Das *Wasser* ist flüssig, okkult betrachtet man aber alles Flüssige bis zum Quecksilber als Wasser: In der geistigen° Welt ist es das fließende *Leben.*
3. Die *Luft* ist gasförmig: Sie ist mit den *Empfindungen* zu vergleichen, deren Niederschläge wir in der geistigen° Welt sehen.
4. Die *Wärme* ist das *Feuer*gebiet der geistigen° Welt: Wenn ein Körper wärmer wird, ist er auch weicher geworden.

Im Luftkreis der geistigen° Welt ist die Sphärenharmonie zu vernehmen, Lust und Schmerz werden zu Tönen.

Das Feuergebiet wird zum Ton, der den inneren Sinn ausdrückt. Alles «nennt sich», für jedes Ding ist der wahre Name vorhanden. Auf diesem Gebiet «tönt» das Wesen eines Wesens, es spricht sich aus.

Hier, am Feuergebiet des Wortes, ist eine wichtige Grenze. Wer hellsehend ist oder im Zustand nach dem Tod, kann aus höheren Gebieten die Akasha-Chronik (Chronik des Unzerstörbaren) herausglänzen sehen.

Von allem, was geschieht, bleibt dort ein «Dokument». Die Kraft des Geistigen bleibt im Geistigen zurück. Dieses Geistige ist «fest», unzerstörbar. Das Akasha-

Bild bleibt, das damit zusammenhängende Sterbliche verschwindet.

Um die Bilder richtig zu deuten, gehört starkes Orientierungsvermögen dazu. Ein Beispiel: Denken wir uns Goethe zu Ende des 18. Jahrhunderts und betrachten wir das betreffende Bild in der Akasha-Chronik. Wir wünschen eine Erklärung über den *Faust.* Das Bild kann eine Antwort im Sinne des Geistes geben, den Goethe *damals* hatte. Die Bilder besitzen ein inneres Leben, sie können ohne das Subjekt sein.

Wie die Sterne herüberglänzen, so glänzt die geistige° Welt durch die «astralische» Welt° (astra = Sterne) hindurch. Hier hat der Mensch seinen Astralleichnam abgestreift und macht eine bedeutende Erfahrung. Er sieht seinen Körper und hat die Empfindung: «Das bist du (tat tvam asi).» Das ist der Kern indischer Vedantaphilosophie.

Vierter Vortrag

Ich-Entwicklung

Hannover, 24. September 1907

Der unentwickelte Mensch folgt seinen Trieben, der Durchschnittsmensch wählt zwischen ihnen, der Idealist veredelt und läutert dieselben. Diese Arbeit wird von der ganzen Menschheit geleistet.

Das Ich besorgt diese Arbeit am Astralleib, es gliedert an denselben ein Höheres an. Der Astralleib besteht so aus zwei Teilen: einem, den der Mensch hatte, ehe die Menschheit in ihn einzog; den anderen hat er sich zum «Geistselbst» umgearbeitet. Ein Mensch, in dessen Seele nichts mehr vorgeht, was ihn zu Leidenschaften und Begierden reizt, hat seinen Astralkörper zum Geistselbst umgearbeitet.

Von der Mitte der atlantischen Zeit bis in eine ferne Zukunft hinein hat der Mensch durch sein Ich diese Arbeit zu leisten: Herausgestaltung

- von Manas oder *Geistselbst* am Astralleib,
- von Buddhi oder *Lebensgeist* am Ätherleib,
- von Atman oder *Geistesmensch* am physischen Leib.

31

Das ist die Arbeit des Ich. Sie wird von den Schülern des Okkultismus systematisch vollzogen:

- Die Veredelung des *Astralkörpers* durch Erwerb von *intellektuellen* Fähigkeiten gleicht dem Minutenzeiger der Uhr;
- die Verwandlung des *Ätherkörpers* durch Veredelung des Temperaments und durch *moralische* Fähigkeiten dem des Stundenzeigers der Uhr.

Die mächtigsten Impulse zur Veredelung der Moral kommen von den Religionen, sie gehen von den großen Religionsstiftern aus; ferner durch echte Kunst, eine Kunst, in welcher das Göttliche durch die sinnlichen Formen hindurchglänzt.

Der Ätherleib besteht auch aus zwei Teilen, einem, den der Mensch mitbekommen hat, und einem, den er zum «Lebensgeist» umgestaltet. Das geschieht durch bewusstes systematisches Arbeiten in geistiger Art. Das sitzt dann fester als alles Erlernte.

Die Wirkung solcher Arbeit kann dann auch auf den physischen Leib angewandt werden. Diese Aufgabe ist nicht die niedrigste, sondern die höchste. Es gehören die stärksten Kräfte dazu.

Der physische Körper ist ein weisheitsvoller Bau, der vom Menschen weniger verstanden wird als der Astralkörper. Von unseren Trieben, Leidenschaften und Begierden wissen wir mehr, als wie sich die Blutkügelchen bewegen. Was wissen wir von den Funktionen der Milz, der Leber, der Galle, der Zirbeldrüse? Letztere war früher einmal in Tätigkeit für das Hellsehen, sie wird wieder dazu fähig gemacht werden.

Nicht durch Anatomie, durch Zerschneiden der Leichname, wird der Mensch den eigenen Körper kennenlernen, sondern durch inneres Anschauen, durch Herrschaft über den Leib.

Das Erste dazu wird die Umwandlung des Atmungsprozesses sein. Der Atem ist dann der Hauch, der gleichsam in sich selbst hineinhaucht. Deshalb heißt der «Geistesmensch»: Atman.

Das Ich mit seinen Körpern ist zugleich Abdruck des Universums. Mit jeder Stufe, die der Mensch erreicht, erweitert sich sein Eindringen in das All.

Es ist gefährlich, und man macht es sich bequem, wenn man von Geisteswissenschaft° als von einem Aufgehen der Seele im All spricht. Das Aufgehen im All kann man nur stufenweise erlangen, durch Vergöttlichung des menschlichen Wesens.

Drei Grundglieder des Ich sind der Astralleib (Manas oder Geistselbst), der Ätherleib (Buddhi oder Lebensgeist) und der physische Leib (Atman oder Geistesmensch). Das Ich ist nicht ganz einfach zu verstehen. Es entsteht durch Arbeiten an den niederen Gliedern. Dazu muss es geschult werden.

In der nachatlantischen Zeit fingen die Menschen an, am Manas zu arbeiten. In der lemurischen Zeit zog das Ich in den physischen Leib ein, vorher waren nur physischer Leib, Ätherleib und Astralleib vorhanden. Es gab eine Zwischenstufe bis zur Mitte der atlantischen Zeit, ehe mit der Arbeit am Manas begonnen werden konnte. Es wurden zur Fähigkeit, aus dem Ich heraus zu arbeiten, drei Stufen vorbereitet:

- die *Empfindungsseele,*
- die *Verstandesseele* und
- die *Bewusstseinsseele.*

Sobald das Ich bewusst ist, arbeitet es am Astralleib in der Verstandesseele. Wie das Schwert in der Scheide steckt, so steckt die Empfindungsseele im Seelenleib. Das Ich befruchtet zunächst

- im *Astralleib* die Empfindungs-, die Verstandes- und die Bewusstseinsseele, und es arbeitet
- im *Ätherleib* an Geistselbst, Lebensgeist und Geistesmensch.

In den nordischen Druidenschulen hatte man neun Glieder der menschlichen Wesenheit, in Ägypten sieben. Die nordischen Schulen unterschieden am Seelenleib Astralkörper (Kamarupa) und Empfindungsseele, am höheren Manas Bewusstseinsseele und Geistselbst.

Nach der siebenfachen Einteilung sind fünf Glieder entwickelt und zwei, Buddhi und Atman, noch im Keim.

Wenn der Mensch einschläft, bleiben im Bett liegen physischer Leib und Ätherleib. Es ziehen sich heraus Astralleib und Ich – und alles, was sich durch das Ich entwickelt hat.

Der Traum ist ein Zwischenzustand: wenn der Astralleib noch in gewisser Weise mit dem Ätherleib verbunden ist. Eigentlich müsste der Astralleib auch heraus sein, man darf sich aber dieses «Heraussein» nicht handgreiflich vorstellen: Der Astralkörper ist mit seinen Kräften herausgezogen; es ist dies dynamisch, nicht räumlich zu begreifen.

Solange der Astralleib im Körper ist, denkt und empfindet der Mensch, es finden alle Bewusstseinstätigkeiten durch Auge, Ohr und so weiter statt. Das sinkt alles hinunter, wenn sich der Astralleib herauszieht. Die Ermüdung tritt ein, sie weicht am Morgen der Erfrischung.

Woher kommen nun die Kräfte, die den Menschen stärken und heilen?

Im Bett liegt der Mensch mit physischem und Ätherkörper. Er ist dann im Pflanzenzustand, wenn er schläft, während die Seele in ihre bessere, strahlende Heimat, in die astralische Welt° zurückkehrt.

Wer noch nicht geschult ist, dem versinken in einer höheren Welt alle Erlebnisse. Höher entwickelte Wesen finden sich dann in einer Welt wogender, flutender Tongebilde. Zunächst herrscht Stummheit, dann hören Geistesohren eine neue Tonwelt. Es ist möglich, den Zusammenklang der mit unserer Sonne verbundenen Planeten zu hören.

Wer den Sternenhimmel im Sinne des ptolemäischen Systems betrachtet, dem bewegen sich die Sterne im Verhältnis zueinander in 360 Grade eingeteilt. Jeder Stern bewegt sich in ca. 100 Jahren um einen Grad weiter.

Etwa tausendmal schneller bewegt sich Saturn, 2½-mal schneller als Jupiter. Jupiter bewegt sich im Verhältnis zu Mars 6-mal so schnell, und Mars bewegt sich ca. 2-mal schneller als Sonne mit Venus und Merkur (okkult betrachtet). Mars verhält sich zu Merkur wie zwei zu eins.[1]

Nach der Schnelligkeit seiner Bewegung hat jeder Weltkörper einen anderen «Ton». Der Zusammenklang ist die Sphärenmusik oder Sphärenharmonie. Diese Töne bewegen sich und schwingen in den astralischen Stoffen und Kräften.

So wie wir am Tag die Sterne nicht sehen, so entfernt sich die Seele von ihrer Heimat. In der Nacht kehrt sie dahin zurück, in ein glückseliges, wohliges Element.

---

1 Die Reihenfolge von Venus und Merkur kehrt sich um, wenn vom ptolemäischen System (mit der Erde im Mittelpunkt) zum kopernikanischen System (mit der Sonne im Mittelpunkt) übergegangen wird. Mars hat eine Umlaufzeit von 686, Merkur von 88 Tagen. Die arithmetische Beziehung ist etwa von 8 zu 1.

Die Seele taucht unter in die kosmischen Welten, die zur Sonne gehören, in deren Schwingungen sie ihre Kraft erneuert.

Paracelsus hatte den richtigen Begriff für diesen Zustand, er sagte: Ein ruhiger Schlaf muss immer Gesundheit bringen. Schlaflosigkeit und ungenügender Schlaf verkürzen das physische Leben.

Nach dem Tod bleibt der physische Körper zurück, der Auflösung seiner Stoffe und Kräfte überlassen. Der Ätherkörper arbeitet nicht mehr seiner Auflösung entgegen. Zwei bis fünf Tage kann es dauern, dass der Ätherleib ohne den physischen Leib mit dem Verstorbenen noch vereint ist. Es kann ungefähr so lange dauern, als es der Mensch ohne Schlaf aushalten kann. In dieser Zeit zieht in seiner Erinnerung alles vorbei, was er von Geburt an erlebt hat, bis er im Tod das Bewusstsein verliert.

Mit dieser Erinnerung ist kein Schmerz, keine Lust verknüpft. Die Bilder sind objektiv, sie ziehen vorüber wie in einem Panorama. Dies kommt daher, dass der Ätherleib durch das Ich die Fähigkeit hat, Erinnerungen zu bilden. Er ist der Träger des Gedächtnisses.

Es ist ein Erlebnis, dass der Ätherleib nach dem Tod vom physischen Leib abgetrennt wird.

In einem Finger sind Muskeln und Nervenknoten. Diese Knoten sind in der Substanz des Ätherleibs wie in einer Hohlkugel eingetaucht. Beim Einschlafen eines Gliedes empfinden wir ein prickelndes Gefühl. Dieses kommt von einer partiellen Trennung des Ätherleibs.

Hypnotisieren ist deshalb gefährlich, weil eine dauernde Neigung zum Herausdrängen des Ätherleibs dabei entstehen kann.

Für kurze Zeit kann der Ätherleib durch einen Schreck, einen Sturz und dergleichen aus dem physischen Körper austreten. Bleibt der Mensch dabei bewusst, so taucht das Leben als Bild auf. Das ist ein Beweis, dass der Ätherleib das Gedächtnis vermittelt.

Ist der Mensch durch den Tod frei vom physischen Leib und Ätherleib, so nimmt er einen Extrakt, einen Auszug, vom Leben mit, welcher sich als ein neues Blatt zu den anderen fügt, wie ein Glied in eine Kette.

So bereichert sich das Ich, der Ursachenträger aller weiteren Wanderungen.

Fünfter Vortrag

Nachtodlich und vorgeburtlich

Hannover, 25. September 1907

Gleich den Pflanzenkeimen nimmt der Mensch eine Menge Keime mit in die geistige° Welt, um sie dort von neuem zu entfalten. Dort sind alle Kräfte enthalten, die seinen Körper neu aufbauen. Dort befinden sich auch die Urbilder des Menschen.

Vor langer Zeit wurden die physischen Augen durch das Licht gebildet. Es zog die Augen heraus, sie sind Produkte des Lichtes. Vorher war der Mensch noch «blind». Die Nahrungssäfte, die sonst die Kräfte zu fühlen, zu greifen, zu scharren und so weiter hergeben, wurden umgewandelt, um Organe zum Sehen zu bilden. So wurde das Ohr für den Ton, die Nase für das Aroma gebildet.

- Aus dem *Wassergebiet* der geistigen° Welt geht hervor das Urbild des *Ätherleibs;*
- aus dem *Luftgebiet* der geistigen° Welt geht hervor das Urbild des *Astralleibs.*

Aus diesen Gebieten schafft sich der Mensch die Grundlage zu seiner leiblichen Hülle.

Die Zeit zwischen Tod und neuer Geburt lehrt die Gründe erkennen, warum der Mensch immer wiederkommen muss. Er muss immer andere Erfahrungen sammeln.

Es wäre sonst unnütz, wenn er auf dieselbe Erde kommen würde. Diese ändert sich fortwährend. Vor «Millionen» von Jahren konnten Menschen hier in Deutschland vor tropischer Hitze nicht leben. Es gab damals in unserer jetzigen Heimat die Tiere und Pflanzen des Äquators.

Vor ungefähr 20 000 Jahren war von der Norddeutschen Tiefebene bis nach Bayern hinab eine Eiszeit. Bis ins vierte Jahrhundert nach unserer Zeitrechnung° war Deutschland noch ein kulturloses Land.

In einer Chronik eines Erzbischofs von Bremen kann man lesen, dass die Leute im Osten, also in der Mark, Blut tranken und andere «barbarische» Gebräuche gehabt haben. Anders wurden die Kinder der Griechen und Römer erzogen als die der Germanen.

Der Mensch betritt den Schauplatz der Erde nicht eher wieder, als bis sie sich verändert hat und er eine ganz neue Situation erlebt. Es gibt immer Neues zu erleben und die Erde zeigt ein immer neues Antlitz.

Völker, die ihr Geistesleben durch die Geheimschulen hoher Lehrer hatten, bewahrten sich gewisse Empfindungen für die Umgestaltungen der Erde. Sie wussten, dass diese Umgestaltungen mit Vorgängen am Sternenhimmel in Verbindung stehen.

Der Aufgangspunkt der Sonne am Frühjahrshimmel rückt immer weiter. Wir stehen im Sternbild der Fische. Zu Anfang unserer Zeitrechnung° ging die Sonne schon ca. 800 Jahre im Sternbild des Widders auf, 2160 Jahre vorher im Zeichen des Stieres, zuvor im Zeichen der Zwillinge und früher in dem des Krebses. So durchwandert die Sonne immer in ungefähr 2160 Jahren ein Sternbild nach dem anderen, bis sie ihren Kreis vollendet.

Nach der atlantischen Zeit tauchte die indische Epoche im Zeichen des Krebses auf. Das Zeichen ist von spiralförmigem Wirbel, das indische Kultzeichen. Die persische Epoche war im Zeichen der Zwillinge, die babylonisch-assyrisch-ägyptische im Zeichen des Stieres. Jedes neue Sonnenzeichen brachte einen «Erlöser».

Etwa 800 Jahre vor unserer Zeitrechnung° hofften die Völker auf «das Lamm» (als auf den «Erlöser»), daher die Worte Johannes des Täufers über den Sonnengeist°: «Das ist Gottes Lamm» (Johannes, 1,36). Dahin gehört auch die Argonautensage vom Goldenen Vlies, das Jason holte.

Es heißt immer, die Natur macht keine Sprünge. Sie macht aber gewaltige Sprünge. Welch gewaltiger Sprung ist ein neugeborenes Kind, welch gewaltiger Sprung ist an einer Pflanze von der Wurzel zum Stamm, zum Blatt und zur Blüte.

Es bedeutete einen gewaltigen Sprung von der alten atlantischen bis zur indischen Kultur. In der Natur liegt alles in Wirbelart gebildet, es hat sich die atlantische Kultur in die indische «eingewirbelt». Wenn die Sonne von einem Sternbild in ein anderes gegangen ist, hat die Erde immer ein neues Antlitz erhalten.

Die Inder sehnten sich unter dem Zeichen des Krebses immer nach der Gottheit zurück, nach ihrer alten Heimat. Die Perser hatten im Zeichen der Zwillinge Licht und Finsternis zu unterscheiden. Die Ägypter verehrten den heiligen Apisstier.

Die Zeitdauer zwischen zwei Verkörperungen ist sehr verschieden, weil die intimen Verhältnisse der Menschen verschieden sind. Im Durchschnitt sind in einem Sonnenzeichen zwei Verkörperungen desselben Individuums, eine männliche und eine weibliche. Im ganzen Entwicklungsprozess sind ebenso viel männliche wie weibliche Verkörperungen. Nur ausnahmsweise folgen bis zu sieben Verkörperungen des männlichen Geschlechts hintereinander, wenn besondere Aufgaben zu erfüllen sind.

Aus der Naturgrundlage der Mutterliebe wird ein ethisches Band. Die Netze, die schon auf der Erde von Seele zu Seele gesponnen werden, sind im Geisterland viel intimer und sie dauern länger, weil der Körper als Hindernis wegfällt. Das Wiedersehen hat dort für die Seelen eine tiefste Befriedigung, sie leben dort nicht nebeneinander, sondern ineinander. Zeit und Raum sind weggefallen.

Welche Arbeit leistet der Mensch in der geistigen°
Welt?

Er wäre ein schlechter Weltenbürger und es wäre traurig,
wenn er nur sich so gut als möglich wieder aufbauen wollte
zur nächsten Verkörperung. Er hat dort etwas Wichtigeres
zu tun: mitzuarbeiten an der Gestaltung der Welt. Es ist verkehrt, sich den Aufenthalt im Geisterland als Müßiggang
vorzustellen. Das «Jenseits» ist um uns herum, wir können
schon hier «selig» sein.

Entkörpert schafft der Mensch dort an der Umgestaltung
der Erde. Was er dann wieder antrifft, hat er selbst geholfen
umzugestalten, er bereitet sich selbst das Bett. Die Naturkräfte sind nur der äußere, sichtbare «Ton», welcher nicht
ohne geistigen Einschlag sein kann.

Betrachten wir die Blumen einer Wiese im Sonnen-
schein. In der Umgebung der Blumen sieht das geöffnete
Auge den Ätherkörper erstrahlen, und in den Sonnenstrah-
len, die darauf fallen, kann er an den Blumen die verstorbenen Menschen arbeiten sehen.

Es ist unsere kosmische, göttliche Pflicht, in freudiger
Hingabe an der Planetenentwicklung mitzuhelfen. Wollten
wir uns dieser Pflicht entziehen, würden wir einem Ziegel-
stein im Bau gleichen, der sich nicht einfügen lassen will
und das Haus zum Einsturz bringt. Wollten wir uns einer
weltfeindlichen Askese hingeben, so würden wir den göttlichen Bau zerstören.

Jede Verkörperung ist wichtig als Glied der (Ich)-Wesenheit. Es ist nichts Willkürliches an der Persönlichkeit. Die Leibesglieder und das Ich sind nichts weiter, als was sich der Mensch stückweise erworben hat.

Alles um uns herum ist wertvoll. Wir sind berufen, das Kleinste zum Größten zu veredeln. Jedes Leben ist eine Perle an einer Schnur, die wir für unendlich wertvoll halten müssen.

Wenn des Menschen Urbild gestaltet ist, gliedert sich daran der Astralleib. Wie Eisenfeilspäne durch die Kraftstrahlen des Magneten angezogen werden, so bildet sich die Astralsubstanz um das Ich herum zu einem neuen Leib.

Es drängen immer neue Seelen zur Verkörperung. Glockenartige Gestalten durcheilen die astralische Welt° mit außerordentlicher Geschwindigkeit, die Ausdruck ihrer Kraft ist. Es erfolgt die Elternauswahl. Das treibt sie oft von einem Ende der Erde zum anderen, daher ihre «Eile».

In dem Augenblick, wo der werdende Mensch den Ort erreicht, wohin er am besten passt, wird ihm von höheren Wesen an den Astralleib der Ätherleib angegliedert.

Sobald diese Leiber wieder verbunden sind, erlebt der Mensch das Gegenstück von seiner Rückschau nach dem Tod: Er sieht sein neues Leben vor sich. Es kann der Seele grauen vor dem, was ihr bevorsteht. Manche bekommen einen heftigen Schreck und hindern die höheren Wesensglieder an der Eingliederung. Dann hängt der Ätherleib teilweise vom Kopf herab und die Menschen werden zu «Idioten». Es ist delikat, davon zu sprechen.

Das zukünftige Kind ist schon vor der Empfängnis bei seinen Eltern und gliedert sich ungefähr am 17. Tag nach der Empfängnis in den kleinen Keim ein. Der Ätherleib ist dann schon rege und die höheren Glieder wirken von da aus bestimmend auf den zukünftigen Menschen.

Von seinem letzten Aufenthalt im Läuterungsort (Kamaloka) nimmt der Mensch die Begierde mit, den Schmerz auszugleichen, den er anderen verursacht hat und den er als Hemmung empfindet. Das ist die Kraft, die den Menschen in die Lage bringt, auszubessern, was er getan hat.

Die Anziehungen von Sympathie und Antipathie gehen vom Kamaloka aus und bilden die Ursachen zu den Schicksalen. Durch das Ursachen-Gesetz werden wir hingeführt zu den strengen Gesetzen des Karmas.

Der Okkultist kann nachforschen, wie die Schicksale ineinander verwoben sind. Ein Beispiel: Fünf Femerichter töteten eine Person; im vorigen Leben war diese Person ein Indianerhäuptling und hatte die fünf anderen getötet.

Sechster Vortrag

Evolution der Erde

Hannover, 26. September 1907

Um alles andere besser zu verstehen, ist es zweckmäßig, die Entwicklung der Welt im Großen zu verfolgen.

Zuerst kommt unsere planetarische Entwicklung in Betracht. Unsere Erde, unser Wohnplatz, hat schon viele Veränderungen durchgemacht. Wenn der Mensch sein Ziel erreicht haben wird, wird auch die Erde in einen anderen «Planeten» übergehen.

Unsere Erde hat als Planet sieben Verkörperungen zu durchlaufen: Saturn, Sonne, Mond, Erde, Jupiter, Venus und Vulkan.

Der Planet, der die Erde als Saturn war, ist heute nicht am Himmel. Der heutige Saturn war damals in seiner Kindheit, heute ist er in seinem Mannesalter – unsere Erde hat nichts mit dem jetzigen Saturn zu tun. Die Namen sind also als Gattungsbegriffe zu verstehen, nicht als Erdenzustände.

Indem wir den Menschen selbst studieren, werden uns die Planetenzustände am besten klar. Der Mensch ist das älteste Wesen auf der Erde. Als die Erde «Saturn» war, war schon etwas von ihm vorhanden. Mineral-, Pflanzen- und Tierreich entwickelten sich später.

Der Okkultismus zeigt uns die Entwicklung eben wesentlich anders als die Theorie Darwins.

Dass das vollkommenste Glied der menschlichen Wesenheit der physische Körper ist, ist nicht mit dem bloßen Verstand, sondern mit dem Gemüt zu erfassen.

Betrachten wir zum Beispiel einen Oberschenkelknochen: Bei Anwendung des wenigsten Materials, welch großartiges Brückengerüst und Netzwerk von Balken! Die Ingenieurskunst ist bis jetzt nicht im Entferntesten imstande, einen solchen Bau mit den geringsten Mitteln zur Entfaltung der größten Kraft nachzuahmen.

Welche gewaltige Arbeit leistet das Herz! Der Astralleib stürmt mit seinen Leidenschaften darauf ein, er führt ihm eine Menge Herzgifte zu. Es kann nur bestehen, weil es so stark gebaut ist.

- Der *physische Leib* ist der älteste,
- auf der *Sonne* kam der *Ätherleib* hinzu,
- auf dem *Mond* der *Astralleib* und
- im jetzigen *Erden*zustand zog das *Ich* in die menschliche Wesenheit (s. Zeichnung).
- Auf dem *Jupiter* wird der *Ätherleib* vollkommen sein,
- auf der *Venus* wird der *Astralleib* vollkommen sein,
- auf dem *Vulkan* wird das *Ich* vollkommen sein.

48

Auf der Sonne zog ein Kern des Ätherleibs in den Menschen. Auf dem Mond rief der Astralleib den physischen Körper zu neuer Vervollkommnung auf. Am physischen Leib haben die Götter am längsten gearbeitet.

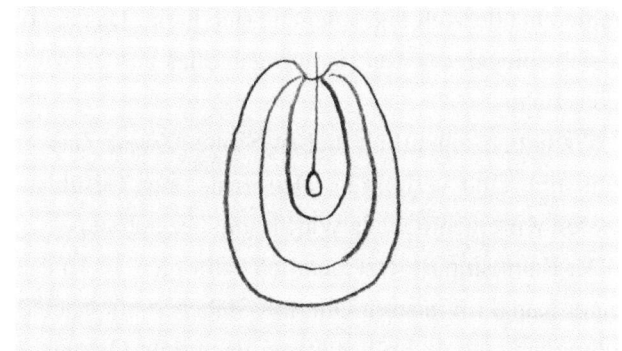

Kein Leib kann Drüsen besitzen, wenn er nicht von einem Ätherleib durchzogen ist.

Auf dem Saturn haben wir die ersten Ansätze von Augen, Ohren, Kehlkopf, Leber, Milz, Knochensystem. Die chemischen Vorgänge auf der Sonne finden wir auf dem Saturn beweglich konstruiert. Es bildeten sich die physikalischen Apparate.

Was ist das Auge anderes als ein fotografischer Apparat! Im Ohr sind Härchen auf Töne abgestimmt, nur dadurch kann es Töne auffangen. Der Kehlkopf ist eine Trompete. Die ganze Saturnkugel war besetzt mit kleinen spiegelnden Punkten – mit Augen, mit Ohren und so weiter.

Der Saturn war keine dichte Masse, Wasser und Luft gab es auch nicht. Es war ein Wärmezustand, noch dunkel, ohne hervorbrechendes Feuer. Sehe ich in ein menschliches Auge, so sehe ich mein Bild: So schickte der Saturn seine Strahlen in alle Welt und spiegelte sich in ihr. Das Echo ist ein sich spiegelnder Ton: Saturn gab alles zurück wie ein großes Echo.

Wir haben eigentlich sieben Sinne: Zwei, Zeit- und Raumsinn, sind verborgen. Den Tast- oder Gefühlssinn müssten wir eigentlich als Wärmesinn bezeichnen.

Der Raumsinn ist jetzt ziemlich verborgen. Es ist da ein kleiner Kanal im inneren Ohr, mit Stäbchen, die nach drei Richtungen stehen. Früher waren das große Organe. Auf der vollkommenen Ausbildung dieser Organe beruht die Fähigkeit, sich mathematische Kenntnisse anzueignen. Der Geometer zieht seine logischen Schlüsse und Urteile nicht durch das Gehirn, sondern durch den Raumsinn. Durch ihn kennen wir die drei Dimensionen des Raumes.

Der Zeitsinn befindet sich im Auge. Es ist da ein kleiner schwarzer Punkt im Auge, der die Fähigkeit besitzt, die ringförmigen Muskeln der Pupille zusammenzuziehen und zu erweitern. Ein Mensch, der diesen Sinn nicht hat, leidet leicht an Starrsinn. Deshalb sieht der Psychiater die Zustände an der Pupillenstarre. Durch Morphium wird dieser Punkt immer kleiner. Heute ist dieser Sinn schwer aufzufinden.

Der Saturn verdunkelte sich dann, hatte einen geistigen°
Zustand und wurde Sonne.

Was jetzt Tierkreis genannt wird, spiegelte sich im Saturn und bildete den Ring. Es hängt von einer Oberfläche
ab, wie sich die Dinge spiegeln. Ein Hohlspiegel spiegelt
die Dinge im Umkreis. Der Saturn spiegelt die anderen Ge-
stirne wider, die sich in ihm wie in einem Brennpunkt vereinigen.

Die Sonne bildete Wesen mit einem Ätherleib. Hier gab
es schon zurückgebliebene Wesen, die keinen Ätherleib hatten. Sie blieben Saturnwesen, nur mit einem physischen
Leib. Sie bildeten das zweite Reich.

Auf der Sonne war der Mensch Pflanze, wie er es heute
noch im Schlaf ist. Wie die Pflanzen heute noch schlafen,
befanden sich die Menschen im Sonnenzustand in einem
fortwährenden Schlaf.

Auf dem Saturn war der Mensch im Mineralzustand, nur
dürfen wir uns denselben nicht so verdichtet vorstellen wie
unsere jetzigen Mineralien.

Im Unterschied zum Saturn warf die Sonne die Wärme
nicht zurück, sondern saugte sie auf, um sie erst dann aus-
zustrahlen. Wenn wir in ihre Oberfläche hätten hineingehen
wollen, würden wir das Gefühl gehabt haben, im Dampf zu
sein. Es war so ähnlich, wie der heutige Sonnenzustand ist.

Während der Saturn durchlässig war und alles zurück-
warf, gab es in der Sonne Flecken – die zurückgebliebenen

Wesen. Das andere waren leuchtende Gasmassen. Das ist in geistiger Art die Erklärung der Sonnenflecken. Der Okkultist braucht nicht zu leugnen, was der physikalische Erklärer sagt, er sieht nur mehr.

Wie man eine Fata Morgana sieht, so sah man in den leuchtenden Gasmassen die Menschen mit ihren feinen Apparaten. Es nahte dann das Ende der luftförmigen Sonne.

Der Mondzustand gleicht dem des Wassers. Er war nur dichter und quallenartig, ähnlich der Eiweißsubstanz. Hier bekam der Mensch zum Ätherleib den Astralleib hinzu. Die drüsigen Massen, Verdauung und Fortpflanzung betreffend, waren durch den Ätherleib bedingt. Durch den Astralleib kam das Nervensystem hinzu. Die Sinnesorgane wurden auf dem Mond höher ausgebildet.

Die Wesen, die auf der Sonne zurückgeblieben waren, bildeten auf dem Mond das dritte Reich, sodass wir Mineral-, Pflanzen- und Tierreich haben, Letzteres allerdings anders gestaltet als die höheren Tiere. Das regelmäßig entwickelte erste Reich waren «Tiermenschen». Die anderen Reiche waren auf den verschiedenen Stufen zurückgeblieben:

- Das höchste Reich bestand aus *Tiermenschen,*
- das zweite Reich aus *Pflanzentieren* und
- das dritte Reich aus *Mineralpflanzen.*

Die Reiche sind eine halbe Stufe herabgestiegen. Die Menschentiere standen also eine halbe Stufe höher als unsere heutigen Affen.

Die Mondmasse selbst war ein «Pflanzenmineral-Reich». Es war wie ein Torfmoor, eine Masse von Pflanzen, halb lebendig. Der Mond als Kugel bestand aus der festesten Masse dieser Holz- und Borkenmasse.

Es kam eine Trennung in der Mondentwicklung. Eine «Sonne» zog ihre Kräfte aus dem Mond heraus und behielt die feinsten Massen für sich. Es kreiste dann der alte Mond mit dichter Masse um die Sonne. Wir haben nun Sonne und Mond, das Menschentier lebte auf dem Mond. Die zwei Körper schlossen sich dann wieder zusammen und es entstand eine Verdunkelung.

Die Erde dreht sich in 24 Stunden um sich selbst, jährlich um die Sonne. Der alte Mond drehte sich in derselben Zeit um sich selbst, drehte aber der Sonne immer dieselbe Seite zu. Die Folge war: Es gab eine warme und eine kalte Hälfte. Daher kam es, dass sich die Wesen zur Fortpflanzungszeit auf die warme Seite begaben und zur anderen Zeit auf die kalte Seite. Sie umkreisten den Mond beständig.

So ist die Wanderlust der Vögel noch auf eine Mondgewohnheit zurückzuführen. Ebenso hängen die Brunstzeiten der Tiere und dergleichen noch mit Mondgewohnheiten zusammen.

Kulturepochen

Hannover, 27. September 1907

In jener Zeit, als Erde und Mond noch zusammen waren, in der Zeit feuriger Gase, war alles Wasser noch in Dampf aufgelöst, es war ein Qualm voller Substanzen.

Jene physischen Körper, in die die Seelen einzogen, waren nicht wie die heutigen Menschen- und Tierkörper. Sie würden uns grotesk erscheinen.

Die physischen Leiber wurden durch Beseelung herangebildet. Es ist eine große Wahrheit, dass sich die Lunge mit dem Einzug der Seele bildet. Die Wesen bewegten sich bis dahin schwimmend-schwebend in der Luft. In der Zeit der Abkühlung verwandelte sich die Schwimmblase in die Lunge. Diese bildete sich mit dem Einzug der Seele.

Diese Umwandlung ermöglichte auch die Blutbildung: Das Ich konnte sich mit dem Menschen zusammenkoppeln. Diese Zustände erfolgen nicht so schnell, es sind «Jahrmillionen» dazu nötig.

Das Vermögen durch die Lunge zu atmen, das Heruntersteigen der Seele in den Körper ist in der Bibel wunderbar in den Worten ausgedrückt: «Und er strömte dem Menschen den lebendigen Odem ein, und er ward eine lebendige Seele.» (1. Buch Mose 2,7).

So schälen sich durch die Geisteswissenschaft° die tiefen Wahrheiten in den Religionen heraus, die den Menschen zur Achtung der gewaltigen Tatsachen in der Menschheitsentwicklung nötigen.

Diese Verehrung des Überirdischen ist geblieben bis ungefähr ins 14. Jahrhundert, bis das Christentum materialistisch wurde. Es ist durchaus nicht christlich, durch die Forschungen der Biologie, der Geologie und so weiter in abstrakt-theoretischer Weise die geistigen Wahrheiten des Christentums, seinen geistigen Gehalt verstehen zu wollen.

Es ist echt christlich, wie früher Moses in der Kosmologie die großen Ereignisse ausdrückte, zum Beispiel: «Adam verfiel in einen tiefen Schlaf.» (1. Buch Mose 2,21). Das bedeutet: Adam «sah hell» die Entwicklung in der astralischen Welt°. Es wird als Symbol hingestellt, dass er hellsehend in der astralischen Welt° wahrnahm, wie durch das Selbst das kiemenartige Wesen in ein lungenatmendes umgewandelt wurde.

Der Wandertrieb auf dem Mond hing mit der Begattungs- und Brunstzeit zusammen. Auf seiner Sonnenseite ging die Fortpflanzung vor sich, die Zwischenzeit wurde auf der anderen Seite zugebracht.

Die Tiermenschen, die die höchsten Mondwesen waren, hatten noch keine Kraft der Liebe. Die Liebe, die von der höchsten Stufe bis zur Pflanzenwelt herunterreicht, hatte noch keine Kraft auf dem Mond. Es war alles streng durch kosmische Kräfte geregelt. Weisheit war das Prinzip. Das tiefere Herabsteigen verknüpfte die Menschen mit dem Einzug des Astralleibs. Damit begann die Liebe.

Der Mond ist der Planet der Weisheit, die Erde der der Liebe. Der weisheitsvolle Bau des Körpers bildete sich hauptsächlich auf dem Mond aus. Am Ende der Erde wird die Liebe die Losung (Richtschnur) sein.

Wenn wir die wundervollen Pflanzengebilde sehen, den weisheitsvollen Bau des Menschen, so finden wir auch dort alles von Liebe durchdrungen. Sie zeigt sich bei den Menschen zuerst in der Blutsverwandtschaft der alten Atlantier, sie steigert sich bis zum Mitgefühl der brüderlichen Liebe. Von den gröbsten Formen der Sexualität bis zu den feinsten Seelenbanden umschlingt alle Wesen das Band der Liebe.

Der Übergang von der Weisheit zur Liebe ist ein großer Fortschritt.

Den hohen Sonnenwesen, die schon alle Geistesglieder besaßen und deren Fortschritt auf dem Gipfel angelangt war, verdankt die Menschheit das allmähliche Eingießen der Liebe. Jahve senkt das Ich ein, er ist der Bringer und Geber der Liebe, wodurch ein einheitliches Band geschaffen wird. Es ist ein gegenseitiges Geben und Nehmen, was in der Liebe die Seele fördert.

Es blieben auch Wesen zwischen Göttern und Menschen zurück, nur ein Teil erreichte die Atmanstufe. Viele blieben auf der Buddhistufe, während die Menschen den Anfang von Manas entwickelten.

Die Atmangötter, die Sonnenwesen, wollten den Menschen die Liebe einprägen, die Mondgötter die Weisheit. Es trat zu Anfang der lemurischen Zeit an den Menschen die Blutsliebe heran, die eine wichtige Rolle spielte. Weil die Hebräer sich als blutsverwandt fühlten, konnten sie eine Gesetzgebung darauf gründen.

Die Liebe führt die Menschen zusammen. Sie bilden dadurch immer größere und umfassendere Gemeinschaften. Die Mondgötter schaffen dazu eine wichtige Gegenwirkung. Die Freiheit, die Individualität, wäre verschwunden, die Menschen wären in einem allgemeinen Brei der Liebe aufgegangen, deshalb richteten die Mondgötter ihren stärksten Angriff auf den Zusammenschluss. Ihr Führer ist Luzifer.

Es gab also zwei Strömungen, die des Jahve und die des Luzifer, die der Liebe und die der Freiheit.

Die Atlantier hatten schon ihre Geheimschulen. In der nachatlantischen Zeit zogen die am weitesten entwickelten Menschen unter dem großen Führer Manu nach der Wüste Gobi. Von da aus gingen Kolonisatoren in alle Kulturen.

Die Weisheit wurde durch Menschen, durch Eingeweihte verbreitet, nicht durch Bücher.

Die indische Kultur bestand aus Nachkommen der Lemurier und Atlantier. Die Inder erhielten die Vedanta-Weisheit durch die Sendboten aus Gobi. Das waren die heiligen Rischis, sieben an der Zahl.

Die 1. nachatlantische Kultur, die indische, bewahrte das Gedächtnis vom Hellsehen der Atlantier. Daher die tiefe Sehnsucht der Inder nach jener Zeit, in welcher sich der Mensch noch mit der Gottheit verbunden fühlte. Man schätzte das Hell-Sehen höher als das Sehen der äußeren Gegenstände. Sie sagten sich: Was wir draußen sehen, sind Schemen, Illusionen. Deshalb strebten sie über diese Welt hinaus.

Durch die Yogaschulung suchte man das Auslöschen der physischen Wirklichkeit zu erlangen, um dafür das Hellsehen einzutauschen.

Den Indern ist die Schätzung der übersinnlichen Welt, aber auch die Unterschätzung der sinnlichen Welt geblieben. Es ist ein großer Fehler, wenn diese Kultur, die unwiederbringlich vergangen sein muss, wieder in die Gegenwart hineingetragen wird.

Die persische Kultur ist ein Fortschritt, indem sie die Erde als Wirklichkeit, als Arbeitsfeld betrachtet. Der Perser hatte das Bewusstsein, dass man das Geistige in die Sinnenwelt hineinpflanzen muss. Er wollte die sinnliche Welt mithilfe des Geistes erlösen. Der große Zarathustra sah den Gott des Lichtes in der Sonnenaura. Ihm steht Ahriman gegenüber, der Gott der Finsternis.

Es folgte die chaldäisch-babylonisch-assyrisch-ägyptische Kultur. Sie hatte mächtige Führer, welche Geist und Wissenschaft vermählten. Die Ägypter versuchten, den Geist der Wirklichkeit einzuprägen. Ihre Deutung der Sterne beruhte auf Astrologie und war wie ihre Architektur und berühmten Denkmäler von geistiger Weisheit durchdrungen.

In der 4. nachatlantischen, der griechisch-lateinischen Zeit, kam etwas Neues hinzu. Haben wir

- bei den *Indern* die Sehnsucht nach einer Traumwelt,
- bei den *Persern* den Fortschritt, sich die sinnliche Welt als Arbeitsfeld zu denken,
- bei den *Ägyptern* die Fähigkeit, ihr irdisches Dasein nach den Sternenbahnen einzurichten, so war es
- den *Griechen* vorbehalten, sich selbst als Form der Vergeistigung zu betrachten.

Ihnen wurde die Form, der Stoff zur lebendigen Verewigung des Geistes. Der Grieche holt sich die Kunst in die irdische Wirklichkeit herunter. Ihre soziale Wirksamkeit ist ein wirkliches soziales Stadtgebilde. Große Städte werden durch geistige Ursachen als physische Tatsachen begründet.

Die Römer bildeten zuerst den Begriff des «Bürgers» aus, in Griechenland waren die Menschen noch wie Glieder einer Stadt.

Bei den Römern kam die einzelne Gestalt zur Geltung. Sie durchdrangen ihr eigenes Wesen mit geistigen Begriffen, deshalb erblühte bei ihnen die Jurisprudenz. Sie waren die Eroberer der äußeren Wirklichkeit des Menschen.

Es kam nun ein Ereignis von wurzelhafter Bedeutung. Von der atlantischen Zeit bis zu den Römern kämpften in den Menschen der Gott der Liebe Jahve und der Gott der Weisheit Luzifer. Es kam auf die beiden Extreme an: zu vereinigen oder zu individualisieren.

Die engen Blutsverwandtschaften gingen auseinander – auch bei den Hebräern. Es kam die Zeit, dass diese Verbände nicht mehr genügten. Durch die Züge Alexanders des Großen wurden die Völker durcheinandergeworfen. Die Römerzüge bildeten eine Zentrale geistiger Selbstsucht.

Es war ein gewaltiger Fortschritt, als der Sonnengeist° das Band der Liebe von einem natürlichen in ein geistiges Band verwandelte. So sind seine Worte zu verstehen: «Wer nicht hasset Bruder und Schwester, Sohn und Tochter und so weiter, kann nicht mein Jünger sein.» (Lukas 14,26).[2]

---

2   In der Vorlage ist das maschinengeschriebene «hasset» handschriftlich durchgestrichen und durch «verlässt» ersetzt. Diese Änderung ist auch in der Redaktion anderer Vorträge von Rudolf Steiner vorgenommen worden. Der griechische Text führt unmissverständlich das Wort μιςει (misei) d.h. hasst. Dass der Mensch seine Blutsverwandten, seine Eltern «verlässt», ist selbstverständlich. Der Sinn ist vielmehr, dass er nur dadurch seine Selbstständigkeit und Freiheit erlangt, dass er alles Unfreimachende des Blutes, der Naturkräfte zurückweist («hasst»), um der freiheitlichen Liebe – gerade auch den eigenen Eltern gegenüber – Platz zu machen.

Der Anfang der Liebe war die Sexualität. Immer ferner (weiter) müssen die Seelenbeziehungen der Menschen zueinander werden, bis am Ende der Erde die Brüderlichkeit alle Menschen umschlingt.

Die Vorstufe der Brüderlichkeit kam durch Jahve, der Sonnengeist° brachte die geistige Liebe in die Welt. Nur dann kann der Mensch die Welt verlassen, wenn die Liebe vollständig vergeistigt ist. Immer mehr muss diese Liebe in den Beziehungen der Menschen untereinander zunehmen. Sie muss so groß werden, dass sie Siegerin wird gegen alle Widerstände.

Der Sonnengeist° erschien in einer Zeit, als die Menschen auseinanderstrebten, um sie zu einer großen Bruderschaft zu vereinigen. Daher ist der Sonnengeist° der richtige Sonnen- und Erdengeist, der Regent der Erde, der die Liebe in den Mittelpunkt rückt.

Durch den Versöhnungs- und Opfertod des Sonnengeistes° verwandelt sich die astralische Welt° von der Liebe zur Blutsverwandtschaft in die allgemeine Bruderliebe.

Der erste Akt spielt sich in Palästina ab. Hier wird ein großes Bruderband um die Menschheit geschlungen, das Band, geistig zu lieben, wo keine Blutsbande vorhanden sind. Der Sonnengeist° gab den Anstoß zu einer alles verwandelnden Liebe, einer Liebe, die alles überwindet. Der Sonnengeist° ist die größte Vermählung zwischen Gott und Menschen.

Die 5. nachatlantische Epoche bedeutet ein tiefes Herabsteigen in die Materie. Der Geist wird ganz von ihr gefangen gehalten, er wird ihr Sklave. Es ist ein Hinuntertauchen des Geistes in die Materie. Selbst die Religion ist materialistisch geworden. Das Christentum muss durch die Geisteswissenschaft° erneuert werden.

Das soll keine Kritik des Zeitalters sein, sondern auch das muss als Notwendigkeit begriffen werden. Es werden dadurch die Begriffe der Logik entwickelt, die Naturwissenschaft wird zur Beherrscherin der Naturkräfte.

Es ist aber dennoch eine Versklavung des Geistes, wenn die gigantischen Errungenschaften nur benutzt werden, um den gemeinsten Bedürfnissen zu dienen, die früher auf einfachste Art befriedigt wurden, während man den Geist pflegte.

Es ist eine Verschwendung der geistigen Kraft, wenn damit die tierischen Triebe befriedigt werden.

Achter Vortrag

Entwicklung des Menschen

Hannover, 28. September 1907

Um die Menschenentwicklung ganz zu verstehen, ist es nötig, sie in verschiedener Beleuchtung zu sehen. Scheinbare Gegensätze lösen sich auf, wenn man tiefer darüber nachdenkt.

Wir sahen, wie sich der Körper durch die lemurische Zeit, die Feuerzeit, und durch die atlantische Zeit, als noch weite Nebelmassen die Erde bedeckten, dem heutigen Zustand näherte.

Wir sahen, wie eine Gruppe der Fortgeschrittenen von Irland, nicht dem heutigen Irland, sondern von dessen Nähe, auswanderte. Diese Menschen entwickelten das logische Denken. Mit diesen Menschen war eine mächtige Veränderung vorgegangen.

Früher ragte der Ätherleib des Menschen mächtig über den Kopf hinaus. Der Ätherleib ist der Architekt des Körpers, er baut die Organe auf. Als er draußen war, konnte er ganz anders arbeiten als von innen.

Dadurch wurde das Gehirn zum Instrument des Denkens, es wurde durch diese Veränderung das Gehirn zum

Denkorgan, alles andere musste sich danach richten. Der Ätherleib musste erst den Kopf umbilden, dann sich selbst, um wieder zurückzuwirken.

Es ist nötig, die Entwicklung des Menschen nach der Methode der Rosenkreuzer oder der Druiden zu verstehen. Sie gliederten den Menschen in neun Teile:

1. den *physischen Leib,*
2. den Äther- oder *Lebensleib;* als
3. Glied den *Empfindungsleib,* in welchem als
4. Glied die *Empfindungsseele* steckt;
5. die *Verstandesseele* oder niederes Manas; dann
6. die *Bewusstseinsseele* und
7. das *Geistselbst* – beides als höheres Manas; dann
8. den *Lebensgeist* oder Buddhi und
9. den *Geistesmenschen* oder Atman.

Es war das wichtigste Ereignis in der atlantischen Zeit für den *physischen Leib,* dass der Mensch in ihm denken lernte. Aufgabe unserer Zeit bis in die fernste Zukunft ist es, die anderen Teile danach zu richten, außer dem neunten Glied, welches in anderen Zyklen weiterentwickelt wird.

Wir sind jetzt in der 5., der germanisch-amerikanischen Epoche angelangt. Nach der 7. Epoche wird ein Ereignis wie die alte atlantische Flut stattfinden. Der Geistesmensch wird dann in den Menschen rücken, wie der Ätherleib in den physischen Leib zur atlantischen Zeit.

Im Indertum machte sich der weisheitsvolle Einfluss des *Ätherkörpers* geltend. Deshalb die Sehnsucht, in Brahman aufzugehen, sich in die Höhen der Sphärenmusik zu versenken. Sie (die alten Inder) lebten mit dauerndem Bewusstsein im Ätherleib und hatten ein großes Verständnis für alles, was über das Irdische hinausragt. Sie erfüllten die Aufgabe, dem Ätherleib die Kultur anzupassen.

Die Perser bildeten den *Empfindungsleib* aus, das Verständnis dafür, die äußere Welt zu empfinden und durch Arbeit zu überwinden. Bei ihnen blühten Acker- und Weinbau. Der Leib schwelgte nicht mehr in inneren Gefühlen, er brachte die Muskelkraft zur Anwendung.

Die *Empfindungsseele* zu vervollkommnen war den Ägyptern vorbehalten. Die Mysterienschulen waren bei ihnen in hoher Blüte. Die Hermes-Schüler betrachteten den Himmel als Ozean der Sternenwelt. Die Sterne waren ihnen Wesenheiten, beseelt von Sympathie und Antipathie.

Die *Verstandesseele,* Gemüt und Fantasie entwickelten sich bei den Griechen. Die Römer begründeten die Rechtswissenschaft.

Diese Völker wurden sich bewusst, dass der Verstand seinen Sieg im einzelnen Menschen feiert. Früher war der Zusammenhang des Staates immer durch Priesterweisheit geleitet, so bildeten sich Hierarchien und Kasten. Das Geistesleben der alten Völker war anders geregelt als das unsere, es war ein «prophetisches».

Aus solcher Quelle stammen die Sibyllinischen Bücher, in welchen Ereignisse für tausend Jahre vorherbestimmt wurden. Die Eingeweihten sahen den Gang der Ereignisse voraus. So sehen wir die ägyptische Geschichte gelenkt durch göttliche Eingebung.

Die Führer stellten einen Plan auf, sie sagten: «Soll Heil werden, so müssen wir die Geschichte nach dem Himmel lenken.» Sie richteten sich nach den Entwicklungsgesetzen der Planetenbahnen und nach den göttlichen Zahlen. Wahre Schüler der großen Meister lenkten so weise die Ägypter durch sieben Zeiten. Es gab den Priesterkult bis in die griechische Zeit.

Indem sich der Mensch auf seine Persönlichkeit stellt, löst er sich von den göttlichen Offenbarungen ab. Das Auf-sich-selbst-Stellen wurde in der Schlange als Zeichen der Klugheit symbolisiert. Die Schlangen des Laokoon zeigen den Kampf der Priester mit der Schlange, den Kampf der 3. mit der 4. Epoche.

Für einen anderen Teil der Antike war das Pferd das Zeichen der Klugheit. Das Pferd ist ein zurückgebliebener Mensch. Es sonderte sich aus der Entwicklung die Pferdenatur zuletzt heraus. Wer die Welt mit feinerem Empfinden betrachtet, hat ein Verständnis für die Tatsache, wie manche Völker ihre Pferde lieben. Der Araber ist mit seinem Pferd verwachsen. Instinktiv fühlen die Menschen eine gewisse Dankbarkeit für dieses Tier.

Was der Kentaur bedeutet, ist ein altes Geheimnis. Die Inder verehrten das Pferd ebenso wie unsere nordischen Völker – und es ist im Wappen der Niedersachsen. In der Apokalypse wird Bezug auf das Pferd genommen. Odysseus verfertigt das hölzerne Pferd, um Trojas Fall herbeizuführen, wo sich die Priesterweisheit am längsten erhielt.

Die Römer fühlten die Abstammung von einer Priesterkaste und stellten sie sinnreich dar: Aeneas, Sohn des Anchises, gründete «Alba-Longa», das heißt langes Priesterkleid. Er gründete eine Kolonie für Priester.

Er ordnete die Zeit nach der Siebenzahl der Sibyllinischen Bücher. Nach dieser Einteilung waren die römischen Könige schon vorherbestimmt. Diese Einteilung bringt die Könige in Beziehung zur Gliederung des Menschen:

1. *Romulus:* physischer Körper;
2. *Numa Pompilius* der Weise: Ätherkörper;
3. *Tullus Hostilius:* Astralleib. Er zerstört Alba-Longa, wird vom Blitz erschlagen.
4. *Ancus Marcius:* Verstandesseele. Er baut Kanäle und zieht eine Mauer um die Stadt.
5. *Tarquinius Priscus:* Geistselbst. Er führt Kriege und fördert die Kunst.
6. *Servius Tullius:* Lebensgeist. Er gibt Gesetze.
7. *Tarquinius Superbus:* Geistesmensch. Er ist zwei-

deutiger Natur, er strebt nach dem Erhabensten, was er nicht erlangen kann.

Der moderne Geist kennt nur das Profane. Er kann nicht durchschauen, wie eine solche Aufstellung wie die von den römischen Königen möglich ist. Was haben sich die Geschichtsschreiber geplagt, um den Livius zu erklären.

Der Sonnengeist, der Gott, der die Menschen hinaufführt, ist nicht Angehöriger eines besonderen Volkes. Er gehört allen Völkern an. Er ist der Mensch, der zu dem Menschen spricht.

Es folgte dann unsere Zeitepoche, die germanisch-amerikanische. Das Christentum war zu hoch, um von den jungen Volksstämmen begriffen zu werden. Es fängt erst jetzt an einzusickern.

Unsere Zeit verliert sich zum Teil in der Außenwelt. Wer sie mit okkulten Augen betrachtet, würde den Übergang, der das letzte Drittel des vorigen (19.) Jahrhunderts von früher absondert, als die Morgenröte einer neuen Zeit sehen. Was wurden die Schüler mit trockenen Tatsachen geplagt.

Es findet ein Umschwung in der Naturwissenschaft, in Physik, Geologie und Biologie statt. Vor zehn Jahren setzte der Chemiker Ostwald auf der Naturforscherversammlung in Wien anstelle der Atomistik die Energetik, die Kraft. Der Geist wird an ihre Stelle treten.

Dieses Thema ist schon lange beleuchtet in der *Einleitung zu Goethes naturwissenschaftlichen Schriften* (herausgegeben von Rudolf Steiner) und in *Goethes Weltanschauung.*

Seit dem 14. Jahrhundert sagten sich die Eingeweihten, dass sie mit der Wissenschaft zu rechnen haben. Der Geistesforscher kennt alle Tatsachen derselben. Die *Bewusstseinsseele* hat das Bewusstsein der Atman-Wahrheiten, die real geworden sind.

Der Geistesforscher weiß zum Beispiel, dass das Licht nicht durch objektive Schwingungen entsteht. Was der Zeit nottut, das ist das Einfließen des Geistselbst. Das strebt die Rosenkreuzerschulung an, sie half die Zeit vorzubereiten.

In der 6. (nachatlantischen) Periode wird das Manas oder *Geistselbst* in die Bewusstseinsseele hineinträufeln.

Der Sonnengeist° kam in der 4. Epoche, er gab der Welt die Richtung an. Er wird «wiederkommen», wenn die Menschen die Fähigkeit haben werden, ihn anzuerkennen. Die menschliche Kultur wird durch das Geistselbst in höhere Welten hineinschauen.

Das System des Kopernikus, die Theorie Darwins waren groß, weil sie das Denken schulten, ebenso die Physik des Galilei und so weiter. Sie sind aber nur die Darstellung objektiver Tatsachen. Das so geschulte Denken kann in die Geisteswissenschaft hineinversetzen.

In der 6. Periode wird sich ein großer Umschwung in Europa vollziehen. Die Völker des Ostens werden mit denen des Westens verschmolzen werden.

Der Zusammenfall der Bewusstseinsseele mit dem Manas oder Geistselbst ist das, was im neuen Testament mit dem «Heiligen Geist» bezeichnet wird. Es ist das Programm der Zukunft. Es wird auf alle Fälle geschehen, was sich dem auch entgegensetzen wird. Wie Blätter vom Baum fallen, werden die Gegenströmungen abgestoßen werden. Wer gelernt hat, mit den wahren Gesetzen zu gehen, kann mitarbeiten.

Nicht nur das Seelenleben gestaltet sich um, sondern auch der Menschenleib. Wir haben Organe, die im Verfall sind, andere bilden sich aus. Die Organe der Fortpflanzung haben das kürzeste Leben, sie kamen zuletzt und werden zuerst abfallen. Sie bildeten sich in der lemurischen Zeit und wurden vom Astralleib durchsetzt.

Vorher hatten Mensch und Tier Fortpflanzungsorgane, die vom Ätherleib durchsetzt waren, sie waren pflanzlicher Natur. Die Änderung geschah, indem der Ätherleib vom Astralleib ergriffen wurde. So wurden später die niedrigsten Verrichtungen fleischlicher Natur.

In den Vatikanischen Sammlungen kann man in einer Ecke einen Mann schauen, dem ein pflanzliches Gebilde aus der Rückseite wächst. So treu bewahrte die Kunst das Geheimnis der früheren Fortpflanzung. Das «Feigenblatt» hat eine ganz andere Bedeutung als gewöhnlich angenommen wird. Durch das Pflanzenblatt ist auf das Herabsteigen des Menschen hingedeutet.

Im Aufstieg ist der Kehlkopf das Organ, das der Fortpflanzung dienen wird. Das Innere der Seele wird nach außen «reproduziert» durch Vorstellungen und Schlüsse, die sich in Worten äußern. Das Wort wird verdichtete Gestalt.

Das ist der Vorgang der Schöpfung: Die Sonnenwesen schufen durch das ausgesprochene Schöpferwort. Alles Geschaffene ist verdichtetes Gotteswort.

Goethe hatte Sinn dafür, indem er dichtete: «Die Sonne tönt nach alter Weise ...» Die Engel sind schaffende Sonnengötter. Der Mensch ist berufen, durch das Wort schöpferisch zu werden.

«Im Anfang war das Wort ... Und das Wort wurde Fleisch.» (Johannes 1,1 u. 14). Das ist der Sonnengeist, wie das Johannes-Evangelium von ihm zeugt.

Neunter Vortrag

Karma (Schicksal)

Hannover, 29. September 1907

Warum müssen die Menschen immer wieder verkörpert werden?

Unter anderem muss der Körper mit seinen Organen, zum Beispiel das Herz, immer vollkommener werden. Heute kann der Mensch noch wenig mit seiner Seele darauf einwirken. Wenn er erst sein Herzorgan willkürlich durch Ätherströmungen bewegen kann, wird er der selbstständige Eroberer des Organismus werden.

So ändert sich die Menschheit von Gestalt zu Gestalt. Immer wenn der Mensch wiederkommt, ist sein Wohnhaus verbessert.

Die Inder wirkten auf den Ätherleib, die Perser auf den Empfindungsleib, die Ägypter auf die Empfindungsseele, Römer und Griechen auf den Verstand. Die Menschheit hat es bis zur Bewusstseinsseele gebracht. Wir bemerken ein Durchgehen der Individualitäten durch die Kulturen.

Die Inder bildeten das Gedächtnis aus, es war aber ein mehr geistiges Gedächtnis als das der Atlantier. Die Perser kamen zu einem intimen Verhältnis mit der Natur. Die

Ägypter waren mystisch veranlagt. Die Griechen und Römer entfalteten Verstand und Klugheit.

Jetzt muss der Mensch durch Erfahrung die äußere Welt, wo er hingehört, wirklich erleben, sonst bleibt sie ihm ein Traum. Wir sind jetzt in einem Stadium, wo der Mensch versucht, die Naturkräfte zu beherrschen.

Es gibt ein Karma, das ganze Völker verknüpft. Zum Beispiel wurden das Mittelalter hindurch die Völker in Europa, als sie kaum angefangen hatten, sich durch das Christentum aufzurichten, oft durch die Hunnen bedroht.

Diese Mongolen besaßen Astralleiber, die in Verfaulung übergingen. Es war dies also ein geistiger Prozess. Sie waren Überbleibsel der alten Atlantier unter ihrem Führer Attila oder Etzel. Hätten sich nun die Völker nicht gefürchtet, die Hunnen hätten ihnen nichts antun können. So teilte sich der zersetzende Einfluss den frischen Astralleibern der Völkerschaften mit. Das brachte den Aussatz oder die Miselsucht hervor. Die Sage davon ist *Der Arme Heinrich* von Hartmann von der Aue. Das Bild «Die Hunnenschlacht» gibt das Ereignis in der astralischen Welt° wieder.

Wir sammeln gutes Karma, wenn wir unser Leben zu einer harmonischen Einheit zusammenfügen. Wir erleben immer etwas, das Leben bringt es an uns heran. Wir müssen die Früchte hinzutun.

Um Gewissheit über Tatsachen des Karmas zu bekommen, dürfen wir nicht spekulieren oder philosophieren. Wir müssen die Tatsachen sprechen lassen, wie sich etwas ausgestaltet. Der Okkultist untersucht wirkliche Tatsachen.

Es ist schwierig, die vergangenen Lebensläufe rückwärts zu verfolgen. Der Okkultist stellt keine Hypothesen auf, er würde sonst bald in den Ruf der Unglaubwürdigkeit kommen. Anschauendes Denken ist besser für den Okkultisten als spekulatives Denken. Es kommt darauf an, das «Weltendenken» mitzuerleben.

Vom karmischen Standpunkt betrachtet sind die *Erlebnisse zweierlei:*

- solche, für die wir *nichts können,* und
- solche, die wir *verdient* haben.

Nicht alles ist karmische Wirkung, auch neue Tatsachen treten an uns heran. Unverschuldete Unglücksfälle finden ihren Ausgleich später. Ein Gedanke, der in unserem Leben zur Gewohnheit wird, drückt sich im nächsten Leben im Ätherleib aus. Die Neigung, sich zu freuen, wird zur Neigung des Ätherleibs.

Empfindungen und Vorstellungen hängen von den Erlebnissen des vorigen Lebens ab. Wir können nichts dafür, wie sie jetzt in uns auftreten.

Betrachten wir den Astralleib selbst: Gefühle, Leidenschaften, Empfindungen, Vorstellungen sind Eigenschaften des Astralleibs. Stürmische Lust zeigt einen unentwickelten Astralleib, hohe moralische Begriffe einen gereinigten.

Je nachdem wir ihn ausbilden mit sorgfältigen moralischen Begriffen, mit erhabenen Vorstellungen, oder indem wir jeder Begierde frönen, gestaltet sich der Astralleib im nächsten Leben – und infolgedessen noch mehr der Ätherleib in seinen Neigungen und im Temperament.

Ein Wüstling gab im vorigen Leben der sinnlichen Lust nach, diese wird im jetzigen Leben zum Temperament im Ätherleib. Wer intellektuell arbeitet, erwirbt sich so Talente und Fähigkeiten für die Zukunft.

Der Okkultist muss sich die Fähigkeit erobern, ohne Mühe zu derselben Tat zurückzukehren und sie zu lieben. Dieses wird einen großen Einfluss auf seinen Ätherkörper haben, sodass er im nächsten Leben ein ausgezeichnetes Gedächtnis bekommt.

In den Buddha-Lehren finden sich immer Wiederholungen. Diese haben den Zweck, den Ätherleib, der vom Astralleib abhängig ist, fähig zu machen, das Gedächtnis zu erweitern. Die Eigenschaften des Astralleibs werden die des Ätherleibs und kommen im nächsten Leben im physischen Leib zum Ausdruck. Durch Geduld und Ausdauer können wir schon in diesem Leben das Gedächtnis etwas erweitern.

Krankheitsanlagen kommen von außen oder aus dem Inneren des Menschen. Dispositionen dazu rühren von sinnlichen Gewohnheiten her und äußern sich in Krankheiten im nächsten Leben. Wir sollen nicht nur ungesunde Dispositionen (Veranlagungen) vermeiden, sondern uns auch gute aneignen. Ein Mensch von guter Gesundheit sorgte einmal dafür mit guten Gewohnheiten. So entstehen Fähigkeiten und Temperament.

Wer gallig ist und diesen Fehler nicht ablegt, bekommt die Anlage zu typhösen und fiebrigen Krankheiten. Wer immer kritisiert, wem niemand etwas recht machen kann, wer nicht recht lieben kann, wird früh altern, wird leicht Runzeln bekommen und hässlich sein. Wer Sympathie und Liebe entwickeln kann, erhält sich lange jung.

Wer sein Augenmerk auf einen ungesund gesteigerten Erwerbstrieb richtet und viel besitzen will, neigt infolgedessen zu Infektionskrankheiten.

Die Erlebnisse kommen an den Menschen heran. Das, was er tut, was sich immerzu in der physischen Welt° (durch ihn) abspielt, bildet sein zukünftiges Schicksal. Seine Taten, gute oder böse, formen wieder den zukünftigen Körper. So haben wir einen Kreislauf von Taten und ihren Folgen.

Zehnter Vortrag

Menschheitskarma

Hannover, 30. September 1907

Beispiel der Atlantier: Wenn diese nicht nach höheren Eigenschaften gestrebt hätten, als ihre Kulturstufe° ihnen bot, hätten sie keine Inder werden können. Wer nur das lernt, was nötig ist, um einen Beruf auszufüllen, um Soldat zu werden und dergleichen, ist nicht fähig, die Rasse (Kulturstufe) zu heben oder weiterzubringen.

Wer in einen geisteswissenschaftlichen° Zweig° geführt wird, kann die Dinge lernen, die ihn über die Kulturstufe° hinausführen und was ihm über seine Verkörperung hinaus nützt. Der Mensch kann entweder mit einer Kulturstufe° verwachsen oder darüber hinausgehen, er kann darin untergehen oder eine höhere Stufe erreichen.

Wer nicht genug lernt, muss auf derselben Kulturstufe° wiederkommen. Wer nicht weiterstrebt, kommt nach und nach in Gefahr, dem Untergang zu verfallen.

Nun gibt es immer wieder eine Menge von Menschen, die an flüchtigen Tatsachen hängen, die nicht in das Zeitlose wollen. Sie stoßen die Führer hinweg, die in die Zukunft weisen – man hat die Wahl, mit ihnen zu gehen, oder sich nicht fortzuentwickeln. Je intensiver diese Menschen den Fortschritt abweisen, umso mehr verurteilen sie sich zurückzubleiben.

In Ahasver, dem «Ewigen Juden», ist geschildert, was es heißt, ewig in einer Kulturstufe° zu bleiben – weil er den «Erlöser» nicht hören will.

Alles okkulte Ringen wirkt auf die tiefste Natur des Menschen. Was im Ätherleib geschieht, hat Einfluss auf den physischen Leib. So wäre es von verhängnisvollsten Folgen für ein Volk gewesen, wenn sich ein Führer des Volkes durch Ausschweifung am Ätherleib versündigt hätte. Es hätten sich Folgen wie die Pest zeigen können.

In der Ödipus-Sage ist diese Tatsache zugrunde gelegt. Ödipus ist zwar ein hoher Eingeweihter und kann den Spruch der Sphinx lösen, aber er durchschaut die Blutsbande nicht. So erfüllt sich an ihm der Spruch des Orakels.

Man wendet ein: Wenn der Mensch dem Karma und der Vererbung unterworfen ist, so dürfen wir nicht helfend in sein Schicksal eingreifen.

In der Bachfamilie gab es viele große Musiker. Weil sie sich äußerlich-physiognomisch glichen, hatten sie alle ein musikalisches Ohr. Die Individualität, die sich verkörpert, sucht sich ein passendes Instrument: Eltern, die ihr die Möglichkeit geben, Fähigkeiten auszubilden. Ebenso wurden in der Familie Bernoulli acht berühmte Mathematiker inkarniert. Sie hatten die halbzirkelförmigen Organe im Ohr, die aufrecht zueinanderstehen, nach den drei Dimensionen des Raumes.

Die (körperliche) Disposition zieht die Betreffenden herunter. Moralisch tüchtige Eltern werden entsprechende Kinder anziehen.

Es ist nicht wahr, wenn behauptet wird, Geisteswissenschaft° könne die Mutterliebe vernichten, weil sich eine fremde Individualität verkörpert. Im Gegenteil, das Kind liebt seine Mutter schon vorher, ehe es von der Mutter geliebt wird. Die Freiheit des Handelns erleidet keinen Abbruch.

Wir sollten Karma immer mit dem Herzen erfassen, dann werden wir über die Schwierigkeiten hinweggetragen. Karma ist Lebenskonto: Die Buchführung wird rechnerisch durch den Kassenstand bedingt, der ganz verschieden sein kann.

Soll sich der Kaufmann durch Verluste beirren lassen? In das Soll und Haben kann man immer neue Posten eintragen, je nachdem. Hat der Kaufmann Hilfe nötig und können wir ihm beispringen, so gilt das als ein guter Posten, es muss eine gute Wirkung haben. Wenn wir hilfsbereit waren, so haben wir für immer einen guten Posten eingetragen. Helfen wir in wirksamer Art, so werden die Differenzen ausgeglichen.

Das ist ein Zankapfel zwischen Theologen und Geisteswissenschaftlern°. Die Priester behaupten, sie können das

Karmagesetz nicht anerkennen, weil der «Christus Jesus» durch seinen Tod den Menschen geholfen hat. Die Geisteswissenschaftler° wollen aber nicht an eine Stellvertretung glauben.

Beides kann sich gut miteinander vertragen. Es ist möglich, dass einer in einer Sache helfen kann, in welcher sich der andere selbst nicht helfen kann. Denken wir uns diese Tatsache auf den Sonnengeist° angewandt. Wer tiefer hineinschaut, lernt es verstehen: Ohne seine Hilfe wäre die Menschheit verloren.

Früher glaubte man an Karma und Reinkarnation, das wirkte durch alle Kulturstufen° hindurch. Die Lehre ist noch im Buddhismus, in der mongolischen Rasse vertreten. Früher war sie es auch in Europa, Buddha wirkte früher in Europa in den alten Mysterien. Dieselbe Individualität, die in Asien als der Buddha erschien, war in Europa als Wotan.

Die Wiederverkörperungslehre verlor sich. Diese esoterische Lehre konnte nicht öffentlich gelehrt werden, weil neue Zeiten anbrachen. Jetzt naht wieder die Zeit, da sich die Menschen vorbereiten, den Sonnengeist° neu zu empfangen. Er wird wiederkommen, wenn er esoterisch (geisteswissenschaftlich) verstanden wird.

Diese Lehre verschwand ungefähr 1 000 Jahre vor unserer Zeitrechnung°. Der Sonnengeist° konnte nur seinen intimsten Jüngern davon sprechen. Er sprach zu ihnen von seinem Wiederkommen. Er ging mit ihnen auf den Berg und wurde «verklärt». Die Jünger wurden hellsehend über Zeit und Raum und sahen zwei erhabene Gestalten, Moses und Elias. Die Ewigkeit des Geistes stand vor ihnen.

Die Jünger fragen den Meister, ob Elias nicht wiederkommt. Er antwortet: Habt ihr ihn nicht gesehen? Johannes war Elias, sagt es aber niemand.[3] Diese Lehre wird er verkünden, wenn er wiedererscheinen wird. Vorläufig wurde dieses Geheimnis der Menschheit vorenthalten. Die großen Lehrer sagen den Menschen nicht alles, was sie wissen, sondern was ihnen frommt.

Sie als Zuhörer waren meistens früher schon Geisteswissenschaftler° oder stammen aus den alten Druidenschulen. Sie hörten die alten Wahrheiten in Sagen, Märchen und Mythen. Es gibt in der Geisteswissenschaft° kein Dogma, in 3 000 Jahren wird eine andere Geisteswissenschaft° an die Stelle der heutigen treten. Wer dogmatisiert, versündigt sich an ihr.

---

3   In Matthäus 17, 9-13 heißt es: «Und als sie vom Berge hinabgingen, gebot ihnen Jesus und sprach: Ihr sollt von dieser Erscheinung niemandem sagen, bis der Menschensohn von den Toten auferstanden ist. Und seine Jünger fragten ihn und sprachen: Warum sagen denn die Schriftgelehrten, zuerst müsse Elia kommen? Jesus antwortete und sprach zu ihnen: Elia soll freilich kommen und alles zurechtbringen. Doch ich sage euch: Elia ist schon gekommen, aber sie haben ihn nicht erkannt, sondern haben mit ihm getan, was sie wollten. So wird auch der Menschensohn durch sie leiden müssen. Da verstanden die Jünger, dass er von Johannes dem Täufer zu ihnen geredet hatte.» (Nach der Übersetzung Martin Luthers in der revidierten Fassung von 1984).

In den alten Staaten hatte man einen festen Glauben an Wiederverkörperung. Es ist zum Beispiel unglaublich, was etruskische Sklaven unter den Römern leisten mussten. Nur das Bewusstsein eines gerechten Ausgleichs hielt sie aufrecht. Der Einzelne fühlte sich als Glied des Ganzen.

Es musste die Zeit kommen, das gegenwärtige Leben so wichtig zu nehmen, als ob es das einzige wäre, als ob die ganze Ewigkeit davon abhinge. Wir sehen in unserer Kultur, dass man es für sehr wertvoll hält, für die physische Welt° zu arbeiten. Es trat langsam der physiologische Einfluss auf, wodurch das Gehirn nicht fähig ist, mehr als das irdische Leben zu begreifen. Die Abstinenzbewegungen arbeiten der Geisteswissenschaft° vor.

Das Christentum musste damit rechnen, dass die Menschheit noch nicht fähig ist, die höheren Welten kennenzulernen. Deshalb musste es exoterisch (allgemein verständlich) gelehrt werden und esoterisch darf es erst verkündet werden, wenn der Sonnengeist° wiedererscheint.

In der Hochzeit zu Kana ist diese Wahrheit verborgen. Der Opfersaft war Wasser, er wurde damals in Wein verwandelt. Die griechischen Dionysos-Feste wurden so gefeiert, dass das Ich des Menschen erdgebunden wurde und vom Himmel absah. Das Christentum behielt die Sitte des Weintrinkens bei Festen bei.

Im homerischen Zeitalter verschwindet die Wiederverkörperungslehre, die jetzige Zeit dazugerechnet. Das ist ein

86

Zeitraum, in dem die Seele einmal männlich und einmal weiblich wiederkehrt. Eine Verkörperung muss in der jetzigen Kultur zugebracht werden, während die frühere zu Anfang des Christentums oder kurz vorher war.

Es darf nicht wundern, dass in einem Zeitalter männlicher Kultur die geistige Kultur, in der die Geisteswissenschaft° ihren Anfang nahm, durch eine Frau (H. P. Blavatzky) kam. So wird sich die geisteswissenschaftliche° Bewegung als eminent praktisch erweisen. Sie wird die Menschen dahin führen, in sich selbst das Geschlecht zu überwinden und sich zu einem Standpunkt zu erheben, wo das Geistselbst und der Geistesmensch stehen, die übergeschlechtlich und überpersönlich sind, zum rein Menschlichen.

Es wird in der Frau° allmählich ein ähnliches Bewusstsein erwachen wie beim Mann. Wie einer von denen, die tief aus der Seele sprechen: «Das Ewig-Weibliche zieht uns hinan», werden diejenigen, die sich an der anderen Seite des Menschlichen als Frau° fühlen, vom «Ewig-Männlichen» in der weiblichen Natur sprechen. Das ist dann ein wahres Verständnis und die Lösung der Frauenfrage.

Ein geistiges Zeitalter wird die Erkenntnis des übergeschlechtlichen Inneren ergeben, ohne dass es sich in das Asketische verkriecht oder das Geschlecht verleugnet. Wenn die Menschen dieses Verhältnis veredeln und verschönern, leben sie im Übergeschlechtlichen. Es kann dann gesagt werden: «Das Ewig-Menschliche zieht uns hinan.»

Elfter Vortrag

Arbeit an sich selbst

Hannover, 1. Oktober 1907

Bis jetzt haben wir die Gesetze der Welt betrachtet, den Weltenlauf, das Schicksal und die Entwicklung des Menschen. Es waren Tatsachen, die wir nicht mit den Händen greifen können, die wir aber mit der Vernunft aufnehmen können.

Wir gelangen nun zur Geheimschulung. Es sind drei Arten zu unterscheiden:

- die Schulung des *Yoga,*
- die *christliche* Schulung und
- die *christlich-rosenkreuzerische* Schulung.

Aus den Geheimschulen können hervorgehen, wie wir sahen, Hellseher, Eingeweihte und Adepten. Es wäre verkehrt, in unserer materialistischen Zeit von Adepten zu sprechen. Man würde es für eine Narrheit halten. Man sieht darauf als auf etwas Kindliches herab. Man glaubt, was über die fünf Sinne hinausgeht, hat mit wahrer Wissenschaft nichts zu tun, und man wittert überall Gefahren durch Geheimschulung.

Bei richtiger Anleitung durch einen Lehrer des Okkultismus werden aber alle Gefahren vermieden. Die Schulung bietet die Brücke zu den höheren Welten, zu unsichtbaren Sphären.

Unsere Zeit fordert gerade mit Intensität, dass etwas aus den höheren Welten in die geistige und wissenschaftliche Kultur hineinfließt, sodass sie nicht erstarrt. Die Dogmen und Theorien, die von manchen Gelehrten aufgestellt werden, betrachtet der Okkultismus als etwas Harmloses, weil sie sich auf ein enges Gebiet beschränken. Schlimmer ist der Materialismus, der alles in Geld verwandeln will.

Auch die Ausgrabungen geben nur Begriffe für einen eingeschränkten Gesichtskreis, doch springen in den Ausgrabungen und überall in der Naturwissenschaft die okkulten Wahrheiten hervor. Anstatt dass Geisteswissenschaft° die Wissenschaft bekämpft, ist es dienlich für sie, die Naturwissenschaft im okkulten Sinne zu studieren. Man sieht dann zum Beispiel, was ein Naturforscher wie Haeckel geleistet hat.

Durch (materialistisches) Fühlen und Wollen sind auch in die Religion Missverständnisse eingezogen. Man macht sich jetzt keine Vorstellung mehr, mit welch frommer Scheu die Menschen bis ins 12. Jahrhundert das Mysterium der Wandlung beim Abendmahl betrachtet haben. Die Worte: «Das ist mein Leib, das ist mein Blut» (vgl. Markus 14, 22-5) waren ihnen eine spirituelle Wahrheit. Durch die Verwandlung des Materiellen wird das Brot zu «Fleisch».

Das Mysterium des Abendmahls wurde nun materiell aufgefasst, die katholische Kirche verhärtete sich in Dogmen. Die Naturwissenschaft wäre heute nicht materialistisch, wäre der Materialismus nicht zuerst in die Religion eingezogen.

Was Gedanken, Gefühle und Empfindungen für den Einzelnen bedeuten, wird bei einem Volk zum Karma der Menschheit im Ganzen. Ginge der Materialismus so weiter, so würde es nicht lange dauern, dass epidemische Nervenkrankheiten auftreten, wie es auch jetzt schon viele nervenkranke Kinder gibt.

Die Geisteswissenschaft° entspringt nicht einer Willkür, sie hat das Gebot zu erfüllen, Heilmittel zu werden gegen die Seuchen von Geisteskrankheiten. Es ist nötig, durch Stärkung des Geistes die Menschen für diese Aufgabe tüchtig zu machen. Ein Häuflein kann schon ein Segen werden, wenige werden die Heilbringer sein. Nur wenige Menschen können es ertragen, die Wahrheit zu erfahren.

Der Mensch muss lernen, Schweigen zu bewahren über das, was er erlebt. Aus der Geheimschulung ging alles Geistige hervor. Diesen Aufstieg in höhere Welten kann der Mensch jetzt wieder beschreiten.

Der Mensch ist zusammengesetzter Natur, er lebt in der Sinnenwelt und im Inneren. Der Seelenleib beruht auf Denken, Fühlen und Wollen, auf Anschauungen und Vorstellungen. Das Entzücken, die Freude, Lust und Schmerz gehen durch das Denken in Fühlen und Wollen über.

Das Denken ist das Einfachste. Die Welt rückt das Denken zurecht, hier ist noch die größte Harmonie. Durch das Denken lernt der Mensch die Gefühle unterscheiden. In reinen Gedanken, zum Beispiel in der Mathematik, sind die Gefühle zumeist herausgearbeitet, sodass die Menschen nicht mehr über den Inhalt streiten.

Die okkulte Schulung beginnt nach dem Denken mit dem Erkennen der Gefühle. Hat man die reinsten Gedanken, dann weiß man Bescheid über die Gefühle im Untergrund der Seele. Das Wollen stammt aus noch tieferen Gründen. Die Gefühle sitzen tief im Inneren der Seele und hängen mit den verborgenen Welten zusammen.

Es ist nötig, das Denken für intime Dinge zu schulen, es auf übersinnliche Dinge zu richten. Das geschieht durch Konzentration. Durch Meditation lernt man die Gedanken anschaulich, nicht abstrakt behandeln.

Das Denken ist anwendbar auf die physische Welt. Das Verborgene erforscht nur ein ausgebildeter Geheimforscher.

Ein Stück von der astralischen Welt ist unsere Gefühlswelt, sie ist ein schwacher Abglanz davon. Ehe das Fühlen nicht geschult ist, kann man nicht in höheren Welten wirken. Es geschieht, indem man es regelt, sodass man nicht in Sympathie und Antipathie aufgeht.

Die Schulung der Willensimpulse muss hinzukommen.

- Das *Wollen* ist verwandt mit der *mentalen* Welt,
- das *Fühlen* mit der *astralischen* Welt,
- das *Denken* mit der *physischen* Welt.
- Durch magische *Geheimschulung* dringt man in die *geistige* Welt.

Die Wahrheit ist uralt und ewig, sie passt sich aber den Entwicklungsstufen an. Im 5. nachatlantischen Zeitalter kann man nicht wie bei den Rischis der Inder zu ihr kommen.

Die Geheimschulen entstanden schon bei den Atlantiern. In der Mitte unserer Zeit, in der 5. Kulturperiode, wurden durch Christian Rosenkreutz, den Ritter des rosigen Kreuzes, die christlichen Geheimschulen reformiert. In ihnen konnte man lernen, was der Stein der Weisen ist.

Die christliche Schulung ist schwerer anzuwenden als die rosenkreuzerische, diese widerspricht aber nicht der christlichen. Die christliche Schulung war nicht bekannt mit den Gedanken, in deren Sinn wir das heutige Leben erfassen.

Die christlich-rosenkreuzerische Schulung gibt die Richtlinien an, um in zeitgemäßer Art in die höheren Welten zu gelangen. Sie geht aus von den drei menschlichen Grundkräften: Denken, Fühlen und Wollen.

Der Mensch muss durch sein Denken fest in der Wirklichkeit stehen. Durch eine gute Grundlage des Denkens strömt in sicherer Weise die höhere Welt in die niedere ein.

Wer Geisteswissenschaft° aufnimmt, tut den ersten Schritt. Man kann die (geistigen) Tatsachen vorläufig nicht mit den Augen sehen, mit den Ohren hören, aber man kann sie mit der Vernunft begreifen. Diese müssen wir stets gebrauchen und Geduld haben.

Der Hellseher zeigt, was man tun muss. Durch die Anwendung wird man seine Lehren bewährt finden. Fantasterei ist, was sich nicht bewährt. Wenn man probeweise so lebt, wie das Karmagesetz es erfordert, so hat man einen indirekten Beweis für seine Richtigkeit.

Gedanken, die nicht in den ewigen Gesetzen begründet sind, haben keinen Wert. Was uns durch Karma zustößt, müssen wir so betrachten, als ob wir uns die Handlung selbst zugefügt hätten. Eine falsche Handlung wirkt nicht in harmonischer Weise. Wir können uns am besten in Karma hineinversetzen, wenn wir eine Handlung wiederholen.

In der Bergpredigt nimmt der Sonnengeist° auf Karma Bezug: «Wenn dir jemand einen Streich gibt, biete ihm auch die andere Backe.» «Gib zum Mantel noch den Rock.» (Vgl. Matthäus 5, 38-42).

Was Geisteswissenschaft° ist, versteht man, wenn man tief genug schürft.

Zwölfter Vortrag

Weisheit der Rosenkreuzer

Hannover, 2. Oktober 1907

Die erste Stufe der Rosenkreuzerschulung, die wir schon betrachteten, war das Studium. Die zweite ist die «Imagination».

Es ist notwendig, unsere Gedanken in bildliche Vorstellungen umzukleiden. Es war der Zweck dieser Vorträge, die Entwicklung nicht in abstrakter Art zu geben, sondern sie im Anschauen von Bildern darzustellen.

Die Pflanzen nehmen eine bestimmte Lage im Weltall ein, sie folgen mit den Wurzeln der Anziehungskraft, die vom Mittelpunkt der Erde ausgeht. Keusch öffnen sie ihre Blüte dem Sonnenlicht. Das Tier mit seinem horizontalen Rückgrat steht in der Mitte. Der Mensch ist die umgekehrte Pflanze, er trägt den Kopf nach oben, die Fortpflanzungsorgane schamhaft nach der Erde gekehrt (s. Zeichnung, nächste Seite).

Wenn die Entwicklung aufwärtssteigt, kehren sich die Geschöpfe um. Worte von Platon: «Die Weltenseele ist am Weltenkreuz gekreuzigt.» (Vgl. Timaios, 34b, Kap.8). An der Pflanze holt die heilige Liebeslanze, der Kuss des Sonnenlichtes, die Blüte hervor. Keusch erschließt sie sich der Sonne. Der Tierleib ist durchsetzt von Begierde, deshalb wendet er sich um. Der Mensch hat die Aufgabe, sein Fleisch zu reinigen. Das Fleisch ist der von Begierde durchzogene Pflanzenleib.

Der heilige Kelch des Parsifal stellt den Menschen dar, der sich wieder nach oben öffnet, um den Sonnenstrahl aufzunehmen. Der Kehlkopf ist der Kelch, der sich durch die heilige Lanze des Parsifal nach oben öffnen wird, wenn das Wort selbst schöpferisch wird.

Die Sage vom Heiligen Gral stellt in tiefer Weise die Entwicklung dar. Zur Zeit der alten Atlantier sprach sich die Weisheit in Bildern aus. Diese Bilderweisheit ist von den Wassern entleert, ist in die Luft entschwunden. Die Weisheit ist in die Nebeldecke aufgelöst.

Auf den Wiesenblumen perlt am Morgen der Tau. Es ist niedergeschlagene, kondensierte, verborgene Weisheit.

Es ist das alte Kreuzeszeichen. Crux heißt Kreuz in der lateinischen Sprache. Rosae-crux ist das Emblem der Rosenkreuzer (s. Zeichnung).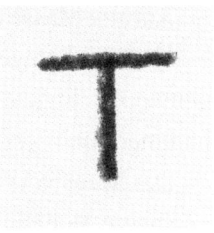

Durch Denken kommen wir von der Sinneswelt in die absolute Welt. Geisteswissenschaft° ist «Wahrheit und Wissenschaft», sie vereinigt beide in sich. Sie ist reines Denken, soweit es okkult in der Welt verborgen ist. Wir müssen lernen, dem Denken zuzuschauen. Indem wir einen Gedanken aus dem anderen heraussprießen lassen, werden wir zu dem sich entwickelnden Denken selbst geführt.

In der Apokalypse des Johannes sind die Gedanken zu Bildern verdichtet. Die Siegel bedeuten Bilder im Zusammenhang mit anderen Welten. Sie sind aus dem tiefsten Okkultismus heraus gebildet.

«Ich bin das Alpha und das Omega» (Apokalypse 1,8): Der Seher Johannes schildert den Anfang und das Ende der menschlichen Entwicklung. Die 24 Ältesten leiten sie.

Die Erde war im Anfang eine Feuermaterie, das wird sie am Ende auch wieder sein. Der Mensch wird mächtig sein durch seinen Kehlkopf. Er wird alle Dinge durch sein Wort ins Dasein rufen, wie alles durch das Wort hervorgegangen ist. Es sprachen die Sonnengötter die Worte aus – «Im Anfang war das Wort» (Johannes 1,1) –, und es entstanden die Dinge. Der Mensch wird sich vergeistigen und schöpferisch sein.

Als alle Masse formlos war, sprach Gott das Wort in sie hinein. Das Schwert ist das Symbol des schaffenden Sonnenwortes. Im Vulkanzustand (der Erde) wird der Mensch hämmern und schmieden an einer neuen Welt im Feuer.

Der Mensch von früher ist zu vergleichen mit dem Tier von heute. Er hatte noch eine einzige Gruppenseele. Das Ich der Tiere ist in der astralischen Welt° (s. Zeichnung).

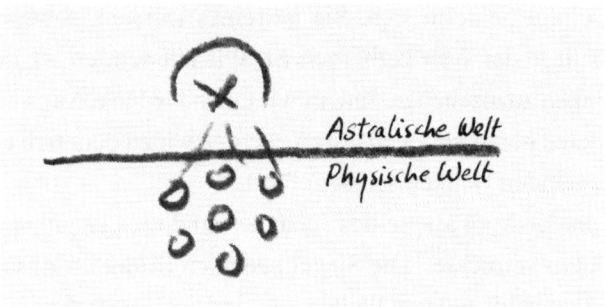

Der Mensch hatte früher auch eine Gruppenseele. Löwe, Stier, Adler und Mensch sind die individualisierten Gruppenseelen der Apokalypse. Das Lamm ist das Zeichen für die Individualseele.

Der Seher schaut die Gruppenseelen in der astralischen Welt°. Aus noch höheren Sphären, aus der geistigen° Welt, kommen die Posaunen hervor, von denen Johannes spricht.

In gewaltigen Bildern schildert der Apokalyptiker die menschliche Entwicklung. Jede Stufe derselben bezeichnet er durch ein Siegel. Der Seher redet von vier verschiedenen Pferden: Es ist das Sinnbild der sich ausbildenden menschlichen Intelligenz. Es sind das alles erprobte Bilder der Geisteswissenschaft°.

Wenn wir aus uns herausgehen und nach der Sonne streben, dann wird der Ätherleib mit der Sonne verwandt. Die Weisheit dringt nicht von außen auf ihn ein, er hat sie wie ein Buch «verschlungen» (vgl. Apokalypse 10,9). Der Mensch ist dann ein Gebieter der Welt, er wird ein Sonnenwesen.

Wir denken uns gewöhnlich einen Raum mit drei Dimensionen. Im Urzustand war der Raum durchsichtig, dann müssen wir uns einen dampfartigen Zustand denken. Die Wesen entstanden durch Verdichtung der im Raum vorhandenen «Materie».

In der Astralwelt sind schon vier große «Dimensionen» und fünf bis sechs Gegendimensionen. Indem der Mensch seine Natur läutert, streift er die niedere ab. Das Symbol dafür ist der Merkurstab. Die sich ringelnden Schlangen werden zur Weltenspirale und zum Kelch des Heiligen Grals.

Die Taube ist das Symbol der geistigen Befruchtung. Das wird zum Ausdruck gebracht in dem Spruch der Rosenkreuzer:

- E. D. N. *(Ex Deo nascimur):* Aus Gott werden wir geboren;
- I. C. M. *(In Christo morimur):* In Christus sterben wir;
- P. S. S. R. *(Per spiritum sanctum reviviscimus):* Im Heiligen Geist werden wir auferstehen.

Die Blätter von den Pflanzen sind so geordnet, dass sie sich in einer Schraubenlinie gegenüberstehen. Da haben wir wieder den Merkurstab (s. Zeichnung). Die Schlangenlinie stellt dar, wie die Kräfte sich hindurchschlängeln durch die Außenwelt.

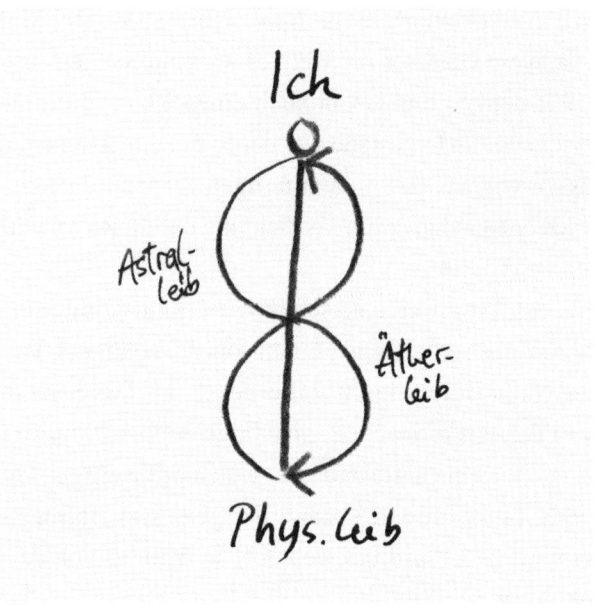

Der Gang zurück von der geschaffenen zur schaffenden Welt wird durch das heilige Dreieck dargestellt.

Dreizehnter Vortrag

Rosenkreuzerschulung

Hannover, 3. Oktober 1907

Auf unserer Erde war eine Wiederholung der vorigen Planetenzustände.

Im Zustand, in dem Sonne, Mond und Erde eins waren, konnte der Mensch seine Seelenkräfte nicht entwickeln. Im Zustand, in dem Mond und Erde zusammen waren, waren die Substanzen zu schlecht. Der Mond musste erst aus der Erde heraus sein.

Dann erst war es möglich, dass der Mensch seinen Körper aus Erde aufbaute. Am Ende wird die müde Erde wieder mit der Sonne vereinigt sein. Der Mond wird in Atome zerfallen.

Auf dem (alten) Mond bildete sich das Tier aus. Diese Stufe muss der Mensch auf der Erde wieder überwinden.

Der Sonnengeist° ist eine hohe Wesenheit, alle Wesenheiten überragend, die mit der Erde in Verbindung stehen. Es war ein kosmisches Ereignis, als der Sonnengeist° erschien. Er ist der Sonnen- und Erdengeist. Er ging aus der Sonne hervor und schuf durch sein Wort die Erde. Sie ist sein Leib. Er konnte deshalb sagen: «Der mein Brot isst, tritt mich mit Füßen.» (Johannes 13,18). Nach dem esoterischen Christentum erschien der Sonnengeist° im Zeichen des Lammes, des Widders.

Die Offenbarung des Johannes ist «in Zeichen gesetzt» (vgl. Apokalypse 1,1), er schaute in die Zukunft. Im Okkultismus hat jedes Ding ein Zeichen:

- Das *Sonnenzeichen:* Der Mensch wird den Lichtstrahl beherrschen (s. Zeichnung A).

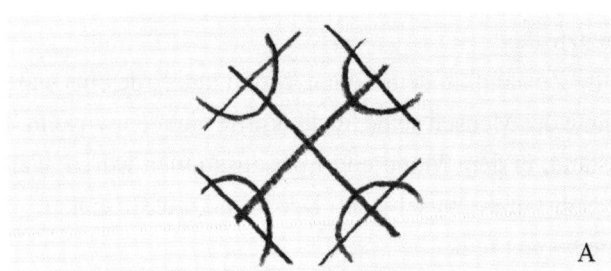

A

- Das Zeichen des *Sonnendämons* (s. Zeichnung B).
- Das Zeichen eines bösen Geistes, des *Tieres mit zwei Hörnern.* Die Zahl des Tieres ist 666:
  - Samech(ס)=60;
  - Waw(ו)=6;
  - Resch(ר)=200;
  - Taw(ת)=400.

Sora(d)t ist der Name des bösen Tieres (s. Zeichnung C).

C

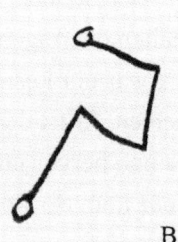

B

In der Apokalypse liegt Geisteswissenschaft°. Keine gewöhnliche Weisheit ist tief genug, solche Weisheit zu begreifen.

Die Wirkung des Lammes ist eine Schulung des Willens, weil der Weg zum Weltenwillen gefunden wird. Der geschulte Wille muss sich zu dem großen (makrokosmischen) Willen aufschwingen, der Sonne und Sterne beherrscht.

Durch die Schulung des Denkens, Fühlens und Wollens, durch Imagination, Inspiration und Intuition wird der Stein der Weisen gefunden. Erst heute dringt die Wahrheit davon in die Öffentlichkeit. Man hörte immer von Alchimisten, die Gold machen wollten. Im 18., 19. Jahrhundert wurde mit den Geheimnissen der Alchimisten Verrat getrieben. Das «Goldmachen» kam in Verruf.

Der Mensch atmet reine Luft ein, um sein blaurotes Blut in Lebensblut zu verwandeln. Er atmet Sauerstoff ein und verwandelt ihn in giftigen Kohlenstoff, der tötet. Bei der Pflanze ist es umgekehrt: Sie atmet den Kohlenstoff ein und verwandelt ihn in Sauerstoff. So ergänzen sich Mensch und Pflanze. Wenn auch die Pflanzen 5% Sauerstoff verbrauchen, so ist das verhältnismäßig wenig gegenüber dem Sauerstoff, den sie abgeben. Durch den Kohlenstoff baut die Pflanze ihren eigenen Leib auf.

Durch Regelung des Atmungsprozesses bildet sich der Mensch ein Organ aus, sodass er die Arbeit, die jetzt die Pflanzen besorgen, an sich selbst tut. Er atmet dann Sauerstoff ein und behält den Kohlenstoff bei sich. Er bildet eine Substanz aus, hellflüssig, diamantartig, aus welcher er sich aufbaut wie die Pflanze. Durch diesen rhythmischen Atmungsprozess lernt der Mensch sich von dem unkeuschen Fleisch zu befreien.

Das Tier ist die von Begierde durchzogene Pflanzennatur. Wenn der Mensch in der geschilderten Art an sich arbeitet, erzeugt er, was man den Stein der Weisen nennt.

Die sieben Stufen der Rosenkreuzerschulung sind:

1. *Studium*
2. *imaginative Erkenntnis*
3. *Lesen der okkulten Schrift*
4. *rhythmischer Atmungsprozess*
5. *Entsprechung zwischen Mikrokosmos und Makrokosmos* (Stein der Weisen)
6. *Hineinleben in den Makrokosmos*
7. *Gottseligkeit*

Jedem Glied im menschlichen Organismus entspricht etwas in der Welt. Ein Ausspruch von Paracelsus lautet: «Die Welt ist der auseinandergelegte Mensch, der Mensch die zusammengezogene Welt.»

Zu der Zeit, als der Mars seinen Einfluss auf die Erde ausübte, entstand das Herz. Ihm entspricht der Löwe. Das Herz würde sich raubtierartig steigern, bliebe es sich selbst überlassen.

Früher bewegte sich der Mensch schwimmend-schwebend. Die Hände sind seine Arbeitsorgane geworden und stehen unter dem geistigen Einfluss der Venus.

«Was innen ist, ist außen»: Alle Buchstaben und Worte (der Welt) sind (im Menschen) zusammengesetzt. Es ist ein Sichentsprechen von Makrokosmos und Mikrokosmos.

Durch Schulung lebt sich der Mensch in den Makrokosmos ein. Das Herz bedeutet das innere geistige Wesen: Könnte man hinabsteigen in das Innere, würde man zum Beispiel die Gruppenseele des Löwen sehen.

Der Blutlauf wird anders, wenn der Mensch anders atmet. Wenn das Herz umgestaltet wird, kommt es in lebendige Beziehung zu der geistigen Welt. Wenn sich das Ich des Menschen entwickelt, lernt dieser die Glieder einzeln studieren und den Makrokosmos kennen. Man lernt in sich erleben, was zur Zeit des Erdenanfangs geschah. Alles hängt innerlich zusammen.

Auf der 7. Stufe fühlt man die durch die Welt webenden Kräfte der Gottseligkeit. Die Götter hatten die Gottseligkeit am Anfang unserer Entwicklung, der Mensch wird sie am Ende haben. Er wird sich zum Kelch des Heiligen Grals entwickeln.

Alles ging aus dem Wort hervor, durch das Wort des Logos wurde die Welt. Der Mensch ist das «fleischgewordene Wort» des Sonnengeistes°. Mit ihm verstanden die Evangelisten das Wort, und er wird wiederkommen, wenn die

Zeit für ihn vorbereitet ist. Johannes, sein Verkündiger, erscheint, wenn die Tage am längsten sind. «Er muss untergehen» (vgl. Johannes 3,30), als die Geistessonne erscheint.

Der Gang der Entwicklung ist in den ersten vierzehn Sätzen des Johannes-Evangeliums ausgedrückt. Die Rosenkreuzerschulung fängt jetzt an, ihre Bedeutung zu haben. Vorbereitet wurde sie im 13. Jahrhundert. Die andere Schulung ist nicht mehr gut anwendbar.

Vierzehnter Vortrag

Christliche Einweihung

Hannover, 4. Oktober 1907

Wie anders sind die Menschen jetzt als die alten Inder. Wir unterliegen ganz anderen Einflüssen als die Menschen vor acht Jahrtausenden. Wie hat sich die Literatur geändert seit der Erfindung der Buchdruckerkunst.

Früher beschränkte man sich auf das mündliche Wort. Das geistige Leben bestand hauptsächlich in Religionsübungen. Heute hat das geistige Leben tausend und abertausend Kanäle. Populäre Wissenschaft, Zeitungen und so weiter, Eisenbahn, Telegraf, alles das ändert die physische Welt° mehr, als man sich vorstellt.

Um uns herum ist nicht nur eine physische, sondern auch eine geistige Welt. Selbst Landleute sind den geistigen Strömungen ausgesetzt, die zurzeit das Übergewicht haben. So lebt jeder unter den Einflüssen des materialistischen Zeitalters.

Die Menschen müssen sich in die Notwendigkeiten hineinbegeben. Es ist aber nötig, sich gegen die vielen schädlichen Einflüsse zu wappnen, fest zu werden gegen alle Anfechtung.

Bei einer Schulung sind alle Verhältnisse zu berücksichtigen. Die christliche Schulung kommt nur bei großer Energie und Ausdauer zur Ausführung. Früher zog man sich von der Welt zurück, um sich zu schulen. Es gehört zur christlichen Schulung eine schier unaufbringliche Energie und ein streng asketisches Leben. Dennoch ist es nützlich, in einigen Zügen davon zu sprechen.

Die christliche Geheimschulung begann zur Zeit des Apostels Paulus. Er hatte die Kraft und die Gewalt des Wortes, um nach außen zu verkünden. Sein Schüler Dionysios gründete in Athen eine Geheimschule, die bis zum 6. Jahrhundert (bestand). Diese Tatsache wird für eine Fabel gehalten, (man sagt:) Es gibt «pseudo-dionysische» Schriften.

Früher konnte man den Homer auswendig, man verließ sich auf sein Gedächtnis. Dann wurde es Sitte, viel zu schreiben. In den Geheimschulen wurde das Wort für zu heilig gehalten, um es niederzuschreiben. Die Würdigsten empfingen es von Mund zu Ohr. Und gerade Dionysios war ein Hierophant, er lehrte mit Kraft und Feuer die Geheimlehre. Die Schulung wurde nach seinem Tod fortgesetzt. Die Geheimlehrer dieser Schule hießen alle Dionysios.

Im Gegensatz zu den anderen Evangelien sind das Johannes-Evangelium und die Apokalypse in okkultem Sinne zu verstehen. Es sind keine Bücher des Glaubens. Man muss diese Schriften in geduldiger Weise immer wieder lesen und die ersten vierzehn Sätze des Johannes-Evangeliums als Meditationsstoff auf sich wirken lassen – Jahr um Jahr. So werden Kräfte entwickelt, die in uns schlummern.

Durch die Apokalypse kommt der Mensch in höhere Welten, es ist die Schilderung geistiger Vorgänge. Sie wirken sehr auf das Gemüt.

In der christlichen Einweihung sind wieder sieben Stufen:

1. *Fußwaschung*
2. *Geißelung*
3. *Dornenkrönung*
4. *Kreuzigung*
5. *Mystischer Tod*
6. *Grablegung*
7. *Auferstehung* und *Himmelfahrt*

1. Die christlichen Schüler betrachteten alle Dinge mit Verehrung und Dankbarkeit. Die Pflanzen können nicht leben ohne das Mineralreich, die Tiere nicht ohne das Pflanzenreich. Alles ist aufeinander angewiesen, das Niedere wird dem Höheren geopfert. Deshalb muss sich das Höhere zu dem Niederen neigen. Der Sonnengeist° gab den Jüngern das Beispiel: Er neigt sich zu den Jüngern, ihnen die *Füße zu waschen.* Der Prolog des Johannes-Evangeliums ist ein gewaltiges Kapitel darüber, wie die Rangordnung der Dinge geboren wurde.

Durchdringt man sich mit dem Gefühl: «Dir verdanke ich mein Dasein», dann taucht vor uns das Bild des Erlösers auf, der den Jüngern die Füße wäscht. Man kann so fühlen, als ob das Wasser um die Füße rieselte.

2. Durch reine Hingabe entwickelt der Mensch höhere Gefühle. Was auch immer an ihn herankommen mag, es ist nötig, aufrecht zu bleiben, ohne zu murren. Die *Geißelung* ist das Gefühl, stark zu sein gegen alle Schläge. Es ist, als ob man ein Jucken und Schmerzen fühlt.

3. Das Gefühlsleben muss so stark sein, dass man es stillschweigend ertragen kann, wenn unser Heiligstes mit Hohn und Spott behandelt wird. In sich muss man den Stützpunkt finden und nicht zusammenbrechen. Man hat das Gefühl der *Dornenkrönung* im Kopf.

4. Das Gefühl muss hier sein: Dieser Leib, den ich trage, ist nicht, was ich bin. Ich trage meinen Leib hier- und dorthin. Dann kann der Mensch allmählich fähig werden, die Blutprobe zu haben, die *Kreuzigungs*merkmale an Händen und Füßen. Sie sind pathologisch unwillkürlich hervorgerufen.

5. Unter *mystischem Tod* versteht man, hinter die Kulissen des Daseins zu schauen. Man kennt die (physische) Welt nicht mehr. In diesem Sinne ist es zu verstehen, dass nach der Kreuzigung der schwarze Vorhang im Tempel zerreißt.

6. Imstande zu sein, alles, was ist, als seinem Leib verwandt zu betrachten, andere Wesen sind ihm ähnlich. Sich als Teil der Erde zu fühlen. *(Grablegung)*.

7. Es ist die Möglichkeit, im Geist zu leben, die Fähigkeit, sich vom Leib zu trennen. Das ist die Befreiung, die *Himmelfahrt*.

Es ist eine ganze Skala von Gefühlen, die im Johannes-Evangelium vom 13. Kapitel an in Bildern zu schauen sind. Durch sie kann man ein großes, unvergleichliches Ereignis erleben, die Schau des auferstandenen Sonnengeistes°.

Vergeblich wird der Mensch aus hinterlassenen Dokumenten sein Dasein beweisen. Man kann ihn nur auf geistige Weise finden. Das ist der Weg zu dem Sonnengeist°, der hier lebt.

Niemals könnte ein Sonnengeist° im Inneren leben, wenn nicht ein historischer «Christus» gelebt hätte. Ebenso hätte kein Wesen Licht und Leben, schiene nicht die äußere Sonne ins Leben. So verdankt die Welt das Sehen des inneren Sonnengeistes° dem auf der Erde erschienenen Sonnengeist°. Das ist die Frucht des Johannes-Evangeliums.

Die Theologie will nur die Synoptiker (Matthäus, Markus und Lukas) gelten lassen. Mit dem Spirituellen hat der Mensch auch den Sinn des Johannes-Evangeliums verloren. Aber es wird daraus ein esoterisches Christentum erprießen, welches der Welt ein neues Licht gibt.

In der Apokalypse ist die Zukunft der Entwicklung enthalten. Die christliche Einweihung ist jahrhundertelang Zeugnis, dass der Inhalt des Evangeliums der richtige ist.[4]

---

4   Das Folgende scheint eher zu einer Fragenbeantwortung zu gehören. Es ist auch möglich, dass der letzte Vortrag in zwei Abschnitten erfolgte. Dies würde auch die Tatsache erklären, dass er doppelt so lang wie die anderen ist.

(Fragenbeantwortung)

Es wäre der Theologie möglich, das einzusehen, wenn sie die Dokumente richtig studierte. Es ist nicht wegen Mangel an Hellsehen, dass die Theologen die Wahrheit nicht finden. Man kann auch durch Verstand und Gemüt dahin gelangen, das Richtige einzusehen.

Es wird erzählt, dass ein Johannes (Johannes Scotus Erigena) als Mönch in Schottland lebte. Er war Prior und soll von seinen Mönchen durch Stecknadeln getötet worden sein.

Über die Heilsverkündigung in der Kirche: Das Feuer würde nicht mangeln, wenn die Verkündiger alle berufen wären. Behandeln wir Denken, Fühlen und Wollen richtig, dann werden uns Tausende von Wahrheiten zugänglich werden.

Die Pflege der Seelenkräfte hängt sehr vom richtigen *Denken* und auch von der *Ernährung* ab.

Wir sollen nicht gedankenlos dem Essen gegenüber sein. Materie im groben Sinne gemeint, ist Unsinn, alles ist verdichteter Geist. Materie ist nicht Illusion: Dass wir den Geist für Materie halten, das ist Illusion. Wir sollen uns bewusst werden, dass alles Ausprägung des Geistes ist, so oder so.

Wir müssen essen wie jemand, der weiß, dass er mit der Materie Geist aufnimmt. Wir haben alle Ursache, mit Inbrunst den göttlichen Mächten dankbar zu sein, denn wir essen göttliche Kraft. Wir sollen essen in der hohen Stimmung verehrungsvollster Andacht, nicht gedankenlos, denn das Essen ist kein niedriger Genuss.

Wenn wir essen, was der Sonne zustrebt, dann essen wir die Kräfte der Sonne mit. Das gibt uns Schwingen. Essen wir, was nach unten in die Erde wächst, so werden wir «materiell».

Das Fleisch zieht am meisten in die Materie. Die Milch und deren Produkte sind uns zuträglich, weil sie aus dem Lebensprozess des Tieres hervorgehen, im Fleisch ist das Kama (Begierde) des Tieres vorhanden. Es ist das, was sich in der Pflanzenwurzel als Salz herauslöst. Das alles verhärtet uns.

Wir sollten uns auf höherer Stufe bewusst sein, ob wir hinauf- oder hinunterstreben. Versetzen wir uns in die Art hinein, wie die Natur wächst, so erwacht in uns ein geistiges Verständnis. Es wächst mit uns.

Der Lehrer der Geheimschulung wird Arzt im geistigen Sinne sein.

Wenn wir Jahre hindurch von Milch leben, bekommen wir in die Hände Kräfte, magnetische Heilerfolge zu erzielen. Es durchgeistigt den Menschen, jahrelang von Milch zu leben. So sind in den scheinbar gröbsten Verrichtungen geistige Beziehungen vorhanden.

Wenn das Tier über die Wiese geht, sieht es noch das Geistige der Dinge, den Ätherkörper der Pflanzen. Der Mensch hat durch Entwicklung des Verstandes diese Fähigkeit verloren. Er muss sie durch höheres Schauen wiedererlangen, dann kommt er in ein sicheres Verhältnis zu allen Dingen der Welt.

Unser Zeitalter ist für materielle Körperpflege. Je mehr man seinen Leib in Ruhe lässt, desto mehr wird der Geist frei höherzukommen. Umgekehrt wird der Geist zum Sklaven.

Es zu ertragen, stundenlang in der glühenden Sonne zu gehen und dergleichen, härtet mehr ab als Sonnenbäder und Kuren, die die Zeit ganz in Anspruch nehmen.

Die Imagination wirkt auf das *Fühlen*. Die Umgebung ist sehr wichtig: Vor Jahrhunderten wurden alle Gegenstände mit Hingabe hergestellt, die Häuserfassaden, sogar die Schlüssel standen in innerer Beziehung zum Menschen. Unsere Seele hat keine geistige Beziehung mehr zu den Gegenständen außer uns.

Es ist Aufgabe der Geisteswissenschaft°, in allen Dingen widerzuspiegeln, was wir fühlen. Alles Tun muss ein Abbild geisteswissenschaftlichen° Fühlens sein. Jedes Zeitalter spiegelt so seine Welt.

Unvergleichliche Künstler wie Michelangelo, Leonardo da Vinci, Raffael spiegelten ein gemaltes Christentum wider. In der Musik wurde das Christentum Ton.

Bilder erwecken geheimnisvoll das Fühlen. Es ist ein gewaltiger Unterschied, ob Gift in die Seele träufelt oder ob das Fühlen Nahrung erhält durch Bilder, die aus dem Geist heraus geboren sind.

Die Zeiten eines Eckhart und Tauler, die die Seelen mystisch zu Gott erhoben, drücken sich in den Formen der gotischen Baukunst aus. Es ist dasselbe in Stein, was das christliche Fühlen im Mittelalter war. In den Säulenanordnungen der Griechen spiegeln sich die sonnigen Anschauungen dieses Volkes.

Unser Zeitalter hat keinen eigenen Stil. Ein Stil muss aus den Empfindungen eines Volkes herausgeboren werden. Wir haben zusammengestückelte Stile.

Im Warenhaus zeigt sich das materielle Zeitalter. Es ist kein Zufall, dass der Stein Eisen geworden ist.

Wir stehen an einem Wendepunkt. Es ist spirituelles Verfahren der Geisteswissenschaft°, alles das innig in unser Gefühl aufzunehmen, was geeignet ist, es zu veredeln. Das Blut wird gereinigt, veredelt durch gute Bilder. Eine geisteswissenschaftliche° Stunde muss blutreinigend und heilsam wirken.

Ein Lehrer wirkt befreiend, wenn er Bilder aufrollt, die den Menschen heilsam sind. Es ist das ein Heilmittel, welches nicht nur äußerlich wirkt, sondern Gesundung des ganzen Wesens hervorbringt.

Unser *Wollen* haben wir hineinzufügen in die Gesetze der Welt. Willensübungen können den Menschen in den objektiven Willen der Welt einfügen. Er erlebt ihn, während das Gefühl mehr subjektiv ist.

Nichts ist der Geheimschulung schädlicher als Angst. Es ist nötig, diese systematisch zu beseitigen. Das geschieht am besten, wenn man sich Handlungen vornimmt, die man glücklich ausführt, ohne sich durch Hindernisse beirren zu lassen.

Wenn möglich teile man seine Zeit in sieben Perioden ein. Man beachte (die Mitte) und kehre die Methode um. Auf diese Weise fügt man sich den Weltgesetzen ein.

Wenn der Mensch das 35. Lebensjahr erreicht hat, wird er reif und erlebt eine Krisis in besonderer Beziehung. Dante schrieb die *Göttliche Komödie,* als er 35 Jahre alt war.

Die göttlichen Wahrheiten werden angeordnet nach Maß, Zahl und Gewicht. Wer mit den Gesetzen lebt, bekommt einen starken Willen, andernfalls schwächt man sich.

Es ist etwas ganz anderes, was Goethe nach dem 35. Jahr geleistet hat, gegenüber dem, was er früher leistete. Wenn sogenannte Wunderkinder zu früh überanstrengt werden, verblühen sie.

Es gehört Geduld und Ausdauer zu den Übungen, wenn man schlummernde Kräfte heranbilden will. Die Reife erfreut den Lehrer, man findet ihn stets, wenn man ihn braucht.

Was Leben weckt, trägt den Menschen vorwärts.

Geisteswissenschaft° und Leben: Jeder hat an dem Platz, an dem er steht, eine Mission zu erfüllen. Die Geisteswissenschaftler° müssen die Baumeister sein, die der Welt das geben, was sie braucht.

Nicht theoretisch und dogmatisch wird die soziale Frage gelöst, sondern durch Verständnis in geisteswissenschaftlichem° Sinne. Geisteswissenschaft° muss eine Geistessonne werden, etwas Universelles, das alles Irdische befruchtet.

In den tausend (geisteswissenschaftlichen) Zweigen° gibt es genug Menschen, die nicht das Abc der Wissenschaft besitzen. Es sind nicht diejenigen, die eine Hochschule besuchen, und doch muss von ihnen der Aufschwung ausgehen.

Im Bild steigen vor uns die Katakomben auf. Unter der Erde breitet sich die neue Geisteskultur Roms aus. Der Cäsar Nero lässt die Leute mit Pech beschmieren und anzünden, die im Geheimen Christen sind. Sie werden verfolgt, wenn sie an die Oberfläche kommen. Und dennoch eroberte sich das aufgehende Christentum durch die ungebildeten Anfänger und Verkünder die Welt. Die anderen folgten nach.

Im Verborgenen leben die, die das Leben beherrschen. Die Wissenschaft blickt noch auf sie herab. Sie wird geisteswissenschaftlich° werden, wenn sie nicht mehr anders kann.

Jede Zeit hat ihre Aufgabe, die Aufgaben ändern sich. Es war etwas im Mittelalter, was einzelne Geisteszweige in der Zukunft sein werden. Es fließt alles Leben zu einer geistigen Pyramide zusammen.

Ein Bild in einem Kapitelsaal in Florenz stellt die Sendung des Geisteslebens dar. Zur Basis dienen Figuren, die die einzelnen Zweige des Geisteslebens darstellen. Darüber kommt das Weibliche, welches die Seele anspornt. Höher noch stehen die Beschützer des geistigen Lebens: Hiob, David, Jesajas, Saul, Johannes und so weiter. Das Ganze krönt die Gruppe der Tugenden: Gerechtigkeit, Klugheit, Tapferkeit, Enthaltsamkeit; Glaube, Liebe, Hoffnung.[5]

Dante versuchte in seinem Werk, die ganze Zeit wie in einem Mittelpunkt zusammenzuziehen. Es liegt an unserer Zeit, dass die getrennten geistigen Strömungen zusammengehen. Wir flehen um den Schutz der Mächte der geistigen Dreiheit: Geistselbst (Heiliger Geist), Lebensgeist (Sohn) und Geistesmensch (Vater).

Die zusammengesetzte christlich-rosenkreuzerische Schulung bildet ein Zentrum, von dem aus eine einheitliche Geisteswahrheit alles durchdringen soll.

Von den verfolgten Christen der Katakomben ging etwas aus, was bis in die höchste Geisteswelt hinaufdrang.

---

5 Das hier geschilderte Fresko befindet sich im Kapitelsaal von Santa Maria Novella, der «Spanische Kapelle» genannt wird. Es stammt von Andrea da Firenze (um 1365).

Wir gleichen in mancher Beziehung den ersten Christen, von uns wird ein neuer Aufschwung des geistigen Lebens erwartet.

Was in der Empfindung zusammenströmt, was sich langsam vorbereitet, muss hinaufströmen zu den höchsten Geistessphären.

Anhang

Anregungen zur inneren Entwicklung

Hannover, 24. September 1907

Der «Christus» ist ein Sonnengeist, ein Feuergeist. Sein Geist ist es, der sich uns im Sonnenlicht offenbart. Sein Lebensodem ist es, der in der Luft die Erde umspült und der mit jedem Atemzug in uns eindringt. Sein Leib ist die Erde, auf der wir wohnen.

Tatsächlich nährt er uns mit seinem Fleisch und Blut, denn was wir auch aufnehmen an Speise, ist von der Erde, aus seinem Leib genommen.

Wir atmen seinen Lebenshauch, den er uns durch die Pflanzendecke der Erde zuströmt.

Wir schauen in seinem Licht, denn das Licht der Sonne ist sein Geistesstrahlen.

Wir leben in seiner Liebe, auch physisch. Denn was wir an Wärme von der Sonne empfangen, ist seine geistige Liebeskraft, die wir als Wärme empfinden.

Und unser Geist wird von seinem Geist angezogen, wie unser Leib gefesselt ist an seinen Leib.

Darum muss unser Leib geheiligt werden, weil wir auf seinem Leib wandeln. Die Erde ist sein heiliger Leib, den wir mit den Füßen berühren. Die Sonne, zu der wir aufschauen dürfen, ist die Kundgebung seines heiligen Geistes. Und die Luft, die wir in uns aufnehmen dürfen, ist die Kundgebung seines heiligen Lebens.

Damit wir uns unseres Selbst, unseres Geistes bewusst werden, damit wir selbst Geistwesen werden, opferte sich dieser hohe Sonnengeist. Er verließ seine königliche Wohnung, stieg herab aus der Sonne und nahm physische Gewandung in der Erde an. So ist er physisch in der Erde «gekreuzigt».

Er umspannt aber geistig die Erde mit seinem Licht und seiner Liebeskraft, und alles, was darauf lebt, ist sein Eigentum. Er wartet nur darauf, dass wir sein Eigen sein wollen. Geben wir uns ihm ganz zu eigen, so gibt er uns nicht nur sein physisches Leben, nein, auch sein höheres, geistiges Sonnenleben. Dann durchströmt er uns mit seinem göttlichen Lichtgeist, mit seinem wärmenden Liebesstrahlen und mit seinem schöpferischen Gotteswillen.

Wir können nur sein, was er uns gibt, wozu er uns macht. Alles, was an uns dem göttlichen Plan entspricht, ist sein Werk. Was können wir dazu tun? Nichts, als ihn in uns wirken lassen. Nur wenn wir seiner Liebe widerstreben, kann er nicht in uns wirken.

Wie könnten wir aber dieser Liebe widerstreben, dem, der da spricht: «Ich habe dich je und je geliebt und habe dich zu mir gezogen aus lauter Güte»!

Er hat uns geliebt von der Erde Urbeginn an. Wir müssen seine Liebe in uns zum Wesen werden lassen. Nur das bedeutet wirkliches Leben, nur da ist wahrer Geist, wahre Seligkeit möglich, wo uns dieses Leben ein wesentliches Leben wird, das Leben des Sonnengeistes° in uns.

Nicht von uns selbst aus können wir rein und heilig werden, sondern nur von diesem Leben des Sonnengeistes° aus. All unser Streben und Ringen ist vergebens, solange uns nicht dieses höhere Leben erfüllt.

Das allein kann wie ein lauterer, reiner Strom alles hinwegspülen aus unserem Wesen, was noch ungeläutert ist. Es ist der Seelengrund, aus dem dieses reinigende Lichtleben aufsteigen kann. Dort müssen wir unsere Wohnung suchen, zu seinen Füßen und in der Hingabe an ihn.

Dann wird er selbst uns umwandeln und uns mit seinem göttlichen Liebesleben durchströmen, bis wir licht und rein werden wie er, ihm ähnlich, bis er sein göttliches Bewusstsein mit uns teilen kann.

Durch sein Licht muss die Seele rein, das heißt weise werden und so mit seinem Leben sich vereinigen. Dann ist das die Vereinigung von Sonnengeist° und Sophia, die Vereinigung des Lebens des Sonnengeistes° mit der durch sein Licht geläuterten Menschenseele.

Für die innere Entwicklung sind drei okkulte Dinge wichtig:

1. die *Lampe* des Hermes Trismegistos mit drei Flammen;
2. der dreifach gefaltete *Mantel* des Apollonius von Tyana;
3. der dreifach gegliederte *Stab* der Patriarchen, der Meister (des Moses?).

1. Die drei Flammen, mit denen man sich in die Lehren hineinleben muss, das sind Denken, Fühlen und Wollen.

(Das Studium der geisteswissenschaftlichen˚ Lehren, der okkulten Berichte, dem man sich ganz hingeben muss. Man darf sich nicht mit den Übungen begnügen. Man muss sich ganz mit Willen, Gefühl und Denken hineinleben in die Lehren der drei Flammen.)

2. Der physische Körper steht mit allen Kräften im Universum in Verbindung. Es gehen von diesem Mittelpunkt, den der Körper darstellt, gleichsam Strahlen nach allen Seiten. Der Ätherkörper steht wie durch eine Linie mit dem Mittelpunkt der Erde in Verbindung. Der Astralkörper ebenso mit dem Mittelpunkt des Mondes. Das Ich ist nicht nur *ein* Punkt, der sich allmählich durch Herauswachsen der Stirnpartie und das Einziehen des Ätherkörpers an der Nasen-

wurzel ausgebildet hat, sondern es steht noch mit einem zweiten Punkt vor ihm in Verbindung. Diese Verbindungslinie wechselt mit der Stellung dieses zweiten Punktes, aber ihre Richtung weist im Allgemeinen nach der Sonne. (Und zwar weist die Richtung der Linie nach dem Mittelpunkt der Sonne.) Je mehr sich der Mensch entwickelt, desto näher kommen sich die zwei (Ich-)Punkte. Es ist des Menschen Aufgabe, sein Ich in den zweiten Punkt zu versetzen, das heißt sich nach außen zu denken und auf seinen eigenen physischen Körper zu blicken wie auf einen Stein: Das bist du! (Tat tvam asi.)

Das löst den Menschen aus der Selbstsucht (aus den Banden des schädlichen Egoismus). Dazu ein lebhaftes Sichhineinleben in die Tatsache von Golgotha und in das Vergießen seines eigenen selbstsüchtigen Blutes (des überflüssigen Blutes seitens des Erlösers hilft dazu, sich selbst seinem Körper gegenüber vorzustellen). «Mein eigentliches Ich ist nicht in dem Körper»: Das muss einem so zur Gewissheit werden wie der eigene Name (auf den man sich auch nicht eigens zu besinnen braucht).

Der Mantel ist gleichsam die Haut, aus der man herausfahren soll. Das Heraustreten ist die zweite Faltung des Mantels und das Umwenden zum Körper zurück ist die dritte Faltung (oder Wendung). (Vgl. Johannes 20, 14 u. 16).

Das Pentagramm stellt dar die Strömungen des Ätherkörpers und deren Zusammenhang mit den Planeten. Eine
Strömung geht von dem Punkt des Ich in die Niere, von da
nach den beiden Füßen; von dort zu den antipolarischen
Händen und von einer Hand in die andere durch das Herz
hindurch. Durch Meditation über das Pentagramm und die
Bedeutung der Einzelheiten desselben sowie durch ein immer bewussteres Strömenlassen dieser Ströme durch seine
Glieder erlangt man ein Bewusstsein der Beziehung seines
inneren Lebens zum kosmischen Leben und man wird ein
ganz neues, eigenartiges Erleben in sich erwecken.

Der Ätherkörper steht durch eine Linie mit dem Mittelpunkt der Erde in Verbindung.

Meditation des 3. Grades: Quinta essentia

«Aus dir bin ich geboren.» (Rechter Fuß).
«Dein Zeitliches gebe ich dir zurück.» (Nierenpunkt).
«Das Ewige nehme ich aus dem Zeitlichen.» (Linke Hand).
«Das Ewige befruchte ich mit Wärme.» (Herz, rechte Hand).
«Das ewige Licht führe mich ans Ende.» (s. Zeichnung).

Zu dieser Ausgabe

Von diesen Vorträgen liegt eine maschinengeschriebene Fassung von unbekannter Hand vor. Es handelt sich mehr um Notizen als um eine vollständige Nachschrift. Der Kenner Rudolf Steiners wird trotzdem in den knappen, oft paradigmatischen Sätzen den unverwechselbaren Stil des Redners wiedererkennen. Die Vorlage ist an manchen Stellen handschriftlich leicht redigiert oder korrigiert. Auf der Webseite *www.archiati-verlag.de* findet der Leser eine wortgetreue Abschrift. Das ermöglicht eine Prüfung der Redaktion in allen Einzelheiten.

Manche Eigenheiten des Stenografierens sind berücksichtigt worden. Für «und so weiter» gibt es z. B. ein besonderes stenografisches Kürzel. Es gibt Aufzählungen, die Rudolf Steiner öfters vornimmt. Der Stenograf kann für sich mit «usw.» kürzen, ohne dass der Redner diese Worte gesagt hätte. Ein Beispiel ist «Triebe, Begierden und Leidenschaften», was stenografisch mit «Triebe usw.» festgehalten werden kann. Ein weiteres Beispiel: Das stenografierte Wort «Kraft» kann im System Stolze-Schrey beim Übertragen in Klartext leicht mit «Marke» verwechselt werden.

Diese Vorträge tragen in der Vorlage einzelne Titel, die auch in H. Schmidt, *Das Vortragswerk Rudolf Steiners* (1978, S. 112-3) unter dem Gesamttitel «Die Grundlagen der Theosophie» angeführt werden. Sie stammen nicht von

Rudolf Steiner und werden hier zur Information aufgelistet: «*I. Geheimwissenschaft; II. Betrachtung des Wesens des Menschen; III. Ort der Läuterung und Devachan; IV. Verhältnis des Ich zu den anderen Gliedern; V. Wechselverhältnis des Menschen im Devachan und auf der Erde; VI. Die drei ersten Weltentage; VII. Die Entwicklung der Menschheit durch die Kulturepochen; VIII. Entwicklung der menschlichen Wesenheit; IX. Karma; X. Allgemeines Karma. Beispiel an den Atlantiern; XI. Geheimschulung; XII. Schulung der Rosenkreuzer; XIII. (nur in H. Schmidt: Schulung der Rosenkreuzer II); XIV. Die christliche und (die) rosenkreuzerische Schulung.*»

Während seines Aufenthalts in Hannover hielt Rudolf Steiner vor einem kleineren Kreis von Menschen auch Vorträge über innere Entwicklung. Die Menschen, die daran teilnahmen, waren bestrebt, die Geisteswissenschaft nicht nur als Lehre, als Wahrheitsgehalt zu sehen, sondern auch als Umwandlungsimpuls für das ganze Leben. Drei von diesen damals «esoterische Stunden» genannte Unterweisungen sind im Anhang abgedruckt. Die Nachschrift der Stunde vom 24.9.1907 wird Mathilde Scholl zugeschrieben. Die vom 25.9. soll auf eine Nachschrift von Wilhelm Hübbe-Schleiden zurückgehen; Paula Stryczek hat die in Klammern gesetzten Ergänzungen oder Änderungen angebracht.

In den *Mitteilungen* der Theosophischen Gesellschaft (1908, No. VI., S. 12-3) wird von Hannover knapp berichtet: «Ausserdem hielt Herr Dr. Rudolf Steiner in der Zeit vom 21. September bis 4. Oktober einen 14tägigen Kursus über ‹Theosophie› und am 22. September vor ca. 300 Personen einen öffentlichen Vortrag über ‹Erdenanfang und Erdenende›.» Die Nüchternheit dieses Berichtes dürfte nicht zuletzt auf die Tatsache zurückzuführen sein, dass die damaligen Theosophen einen gewöhnungsbedürftigen Redner vor sich hatten, der weniger als sie H. P. Blavatzky oder den Buddhismus und mehr als sie den abendländisch-christlichen Esoterismus in den Mittelpunkt stellte.

Diese 14 Vorträge werden hier zum ersten Mal veröffentlicht. Die Wahl der Skizze auf dem Umschlag soll auf die Zentralität der Erde für die geistige Entwicklung des Menschen hinweisen. Der Archiati Verlag dankt auch im Namen der Leser Anke Lorenz, Heinz Eckhoff, Christine und Manfred Becker für ihre Beteiligung an der Redaktion.

Für eine leichtere Lesbarkeit sind folgende **Wortersetzungen** vorgenommen worden (im Text durch ° gekennzeichnet):

astralische Welt°	*ersetzt*	Astralplan/-ebene
Frau°		Weib
Geisteswissenschaft°/-lich/-ler		Theosophie/-isch, Geheimwissenschaft
geistige° Welt		Devachan/devachanische Welt
Kulturstufe°		Rasse
Sonnengeist°		Christus (Christus Jesus)
unserer Zeitrechnung°		Christi Geburt/Christus
Welt°		Plan
Zweig°		Loge

Die Vorträge Rudolf Steiners

Rudolf Steiner hat einige Tausend Vorträge, zahlreiche von ihnen öffentlich, vor den unterschiedlichsten Menschengruppen gehalten. Sie waren nicht für den Druck bestimmt, aber viele Menschen wollten seine Vorträge auch lesen. Dazu schreibt er in *Mein Lebensgang* (Kap. XXXV): *«Es wird eben nur hingenommen werden müssen, daß in den von mir nicht nachgesehenen Vorlagen sich Fehlerhaftes findet.»*

In einer Zeit ohne Tonbandgeräte war der Weg vom gesprochenen Wort zum gedruckten Buchstaben nicht einfach. Verschiedene Zuhörer haben mit unterschiedlicher Geschicklichkeit stenografiert, dann das Stenogramm in Klartext übertragen und unter Umständen redigiert. So heißt es zum Beispiel in GA 137 (HDD2004, S. 233): *«Diese Ausgabe basierte auf der stenographischen Mitschrift von Franz Seiler, Berlin, welche im Auftrag Marie Steiner-von Sivers für den Druck korrigiert bzw. bearbeitet worden ist von Adolf Arenson.»* Eine solche Bearbeitung enthält zuweilen auch Erläuterungen oder Ergänzungen, die nicht von Steiner stammen.

Heute, ein Jahrhundert später, ist Rudolf Steiner zur historischen Figur geworden. Für viele Menschen ist nicht mehr wichtig oder maßgebend, was er in Bezug auf seine Vorträge während seines Lebens verfügt hat oder auch hinnehmen musste. Heute geht es darum, die «Quellenlage» zu erforschen und die vorhandenen Unterlagen interessierten Menschen zugänglich zu machen.

Alle redaktionellen Entscheidungen in dieser Ausgabe sind mit der Überzeugung getroffen worden, dass alle Menschen auf der Welt das Recht haben, alle Unterlagen zu prüfen, die dem Redakteur zur Verfügung standen. Es ist keineswegs zufällig, sondern es gehört vielleicht zum wichtigsten Karma der Menschheit, welche Nachschriften der Vorträge Rudolf Steiners erhalten geblieben sind. Nicht wenige Menschen sind heute daran interessiert, möglichst genau zu erfahren, was Rudolf Steiner gesagt hat.

Sie möchten daher wissen, welche von den vorhandenen Unterlagen dem von Rudolf Steiner gesprochenen Wort am nächsten stehen. Um dies zu ermitteln, sind eine gewissenhafte Prüfung der Unterlagen und eine Vertrautheit mit Steiners Denk- und Sprechweise erforderlich.

Der Archiati Verlag ist bestrebt, einerseits so nah wie möglich an das von Rudolf Steiner Gesprochene heranzukommen und andererseits seine Geisteswissenschaft allen Menschen zugänglich zu machen, da es in ihrer Natur liegt, zum unmittelbaren Leben zu werden. Für das Erste sind die Original-Klartextübertragungen wichtig, für das Zweite sind unter anderem die Wahl der Texte und die Art der Redaktion, aber auch die Gestaltung und nicht zuletzt der Preis maßgebend.

Wie man wissenschaftliche Genauigkeit mit allgemeiner Zugänglichkeit verbinden kann, zeigt sich am Beispiel von Wörtern, die heute ungebräuchlich sind oder eine andere Bedeutung angenommen haben. Sie werden durch ein allgemein verständliches Wort ersetzt und mit einem hochgestellten kleinen Kreis (°) kenntlich gemacht – z.B. beziehungsweise° für respektive, Klammer° für Parenthese, Westen° für Okzident. Am Ende des Textes findet der Leser die Liste der ersetzten Worte. Fremd- oder schwer verständliche Wörter werden zuweilen auch in Klammern «übersetzt». Der gebildete, über die Verbreitung einer modernen Geisteswissenschaft sich freuende Leser wird es begrüßen, dass solche Texte auf diese Weise möglichst vielen Menschen zugänglich gemacht werden.

Als Rudolf Steiner die Theosophische Gesellschaft verlassen musste, gab er die Anweisung, dass in seinen Vorträgen «Theosophie» und «theosophisch» durch «Anthroposophie» und «anthroposophisch» ersetzt werden. Es könnte jemand die Meinung vertreten, dass das eine Fälschung sei. Für Rudolf Steiner ist aber Geisteswissenschaft vor allem *Leben,* und um dem Leben zu dienen muss man in Bezug auf die Terminologie beweglich bleiben. Immer wieder betonte er, dass die Terminologie reines Mittel zum Zweck ist.

Fachausdrücke der Geisteswissenschaft

Mensch- und Erdentwicklung

7 planetarische Zustände der Erde	1. Saturn-, 2. Sonnen-, 3. Mond-Erde, 4. Erde (jetziger Planet), 5. Jupiter-, 6. Venus-, 7. Vulkan-Erde
7 geologische Epochen der jetzigen Erde	1. Polarische, 2. hyperboräische, 3. lemurische Erdepoche 4. atlantische Erdepoche, 5. nachatlantische (die jetzige), 6., 7. Erdepoche
7 Kulturperioden der «nachatlantischen» Zeit (je 2160 Jahre)	1. Indische, 2. persische, 3. ägypt.-chaldäische Kulturper. 4. griech.-römische Kulturperiode (747 v.–1413 n.Chr.); 5. unsere Kulturper. (1413–3573 n.Chr.), 6., 7. Kulturper.

Wesen des Menschen

3 Körper-Hüllen	1. Physischer Körper 2. Ätherischer Körper, Ätherleib, Bildekräfteleib 3. Astralischer Körper, Astralleib, Empfindungsleib
3 Seelen-Kräfte	1. Empfindungsseele 2. Gemüts- oder Verstandesseele 3. Bewusstseinsseele
3 Geistes-Glieder	1. Geistselbst (höheres Ich) 2. Lebensgeist 3. Geistesmensch
Aus 9 wird 7	1. Physischer Leib, 2. Ätherleib, 3. Astralleib, 4. Ich, 5. Geistselbst, 6. Lebensgeist, 7. Geistesmensch

Dreiheit in Mensch und Welt

Geistige Wesen:	Luzifer	Christus	Ahriman
Evangelium:	Diabolos	Streben nach Gleich- gewicht	Satanas
Geistig:	Spiritualismus		Materialismus
Seelisch:	Schwärmerei		Pedanterie
Physisch:	Entzündung		Sklerose
Moralisch:	hemmend	fördernd	hemmend

Naturelemente

Ätherwelt:	Wärmeäther	Lichtäther	Ton-/Zahlenäther	Lebensäther
Phys. Welt:	Wärme	Luft	Wasser	Erde
Unternatur:	Schwerkraft	Elektrizität	Magnetismus	Atomkraft
Naturgeister:	Salamander	Sylphen	Undinen	Gnome

Stufen der Einweihung

1. Imagination	Bilder sehen – in der Akasha-Chronik (Ätherwelt)
2. Inspiration	Worte hören – in der Seelenwelt (Astralwelt)
3. Intuition	Wesen erkennen – in der geistigen Welt (Devachan)

134

Rudolf Steiner (1861-1925) hat die moderne Naturwissenschaft durch eine umfassende Wissenschaft des Übersinnlich-Geistigen ergänzt. Seine Geisteswissenschaft oder «Anthroposophie» ist in der heutigen Kultur eine einzigartige Herausforderung zur Überwindung des Materialismus, dieser leidvollen Sackgasse der Menschheitsentwicklung.

Steiners Geisteswissenschaft ist keine bloße Theorie. Ihre Fruchtbarkeit zeigt sie vor allem in der Erneuerung der verschiedenen Bereiche des Lebens: der Erziehung, der Medizin, der Kunst, der Religion, der Landwirtschaft, bis hin zu einer gesunden Dreigliederung des ganzen sozialen Organismus, in der Kultur, Rechtsleben und Wirtschaft genügend unabhängig voneinander gestaltet werden und sich gerade dadurch gegenseitig fördern können.

Von der etablierten Kultur ist Rudolf Steiner bis heute im Wesentlichen unberücksichtigt geblieben. Dies vielleicht deshalb, weil seine Geisteswissenschaft jeden Menschen, der sie ernst nimmt, früher oder später vor die Wahl zwischen Macht und Menschlichkeit, zwischen Geld und Geist stellt. Gerade in dieser Wahl liegt aber jene innere Erfahrung der Freiheit, die jeder Mensch sucht und die der Grundaussage des Christentums zufolge seit zweitausend Jahren allen Menschen möglich ist.

Es liegt in der Natur dieser Geisteswissenschaft, dass sie weder ein Massenphänomen noch eine elitäre Erscheinung sein kann: Einerseits kann sie nur der einzelne Mensch in seiner Freiheit ergreifen, andererseits kann dieser Einzelne in allen Schichten der Gesellschaft und in allen Völkern und Religionen der Menschheit seine Wurzeln haben.